L'homme qui a sauvé la Terre

Salle Austin

Writat

Cette édition parue en 2023

ISBN : 9789359253039

Publié par
Writat
email : info@writat.com

Contenu

L'HOMME QUI A SAUVÉ LA TERRE

Par Austin Hall

Pas un son ; le tout forme une masse compliquée couvrant cent acres, roulant dans un silence magique. Pas un vrombissement ni une friction. Comme un corps composite vivant palpitant et respirant la force étrange et mystérieuse issue de la théorie cinétique de Huyck . Les quatre grands conduits en acier partant des globes jusqu'au flanc de la montagne. Au centre, à mi-chemin entre les globes, une massive aiguille en acier accrochée à un pivot et pointée directement vers le soleil.

Nous lisons l'époque où les pouvoirs du radium étaient encore inconnus. On nous dit que des brûlures se produisaient en portant imprudemment un tube de sels de radium dans la poche. Et ici, dans cette histoire, on nous parle d'un pouvoir différent, l'opalescence, dû à un autre élément. Il peut détruire des montagnes, creuser des cavités d'une profondeur incommensurable et tuer une multitude d'êtres humains et d'animaux. L'histoire s'ouvre avec un pauvre petit garçon expérimentant un verre brûlant. Il devient alors le héros de l'histoire : il étudie et se retrouve finalement capable de détruire la terre. Il dépasse Archimède en sa puissance. Et il découvre soudain qu'il a libéré un pouvoir qui menace cette destruction même. Et l'histoire dépeint son horreur face au Frankenstein qu'il avait libéré, et raconte ses efforts fous pour sauver l'humanité, et la perte des découvertes cosmiques du petit vendeur de journaux devenu un grand scientifique.

CHAPITRE I
LE DÉBUT

Même le début. Dès le départ, l'ensemble a la précision du travail d'une machine. Le destin et son fonctionnement – et la merveilleuse Providence qui veille sur l'homme et son avenir. Le tout infaillible : l'incident, l'œuvre, la calamité et le martyr. En rétrospective du désastre , nous pouvons tous devenir plus forts en sagesse. Entrons dans l'histoire.

Une chaude journée de juillet. Un soleil sans pitié et une rue stupéfiante ; des milliers de personnes haletant et traînant sans chapeau ; ventilateurs et parasols; la vengeance sensuelle d'une vraie journée d'été. Une journée d'éclatement de pneus ; des trottoirs brûlants et des efforts échoués, des chagrins pour le bord de la mer, pour des berceaux de feuilles au bord de l'eau ondulante, une journée d'espoirs brisés et d'ambition apathique.

Peut-être que le Destin a choisi ce jour en raison de sa chaleur et de son bénéfice naturel sur la fécondité. Nous n'avons aucun moyen de le savoir. Mais nous savons ceci : la date, l'heure, le rendez-vous ; le garçon au verre brûlant et le vieux docteur. Si banal, si trivial et caché dans l'obscurité ! Qui l'aurait deviné ? Pourtant, c'est – après la création – l'une des dates les plus importantes de l'histoire du monde.

Cela en dit long. Allons-y et voyons à quoi cela correspond. Retraçons la chose dans l'histoire, pesons-la et équilibrons-la avec la séquence.

De Charley Huyck , nous ne savons rien à ce jour. C'est une chose qu'il a toujours gardée cachée, pour une raison quelconque. Les récentes enquêtes sur sa vie antérieure et ses antécédents ne nous ont servi à rien. Peut-être aurait-il pu nous le dire ; mais comme il est devenu le grand martyr du monde, il n'y a aucun espoir d'obtenir de ses lèvres ce que nous aimerions tant savoir.

Après tout, cela n'a pas d'importance. Nous avons le jour, l'incident, sa signification et son point culminant jusqu'au jour du grand désastre. Nous avons aussi les montagnes foudroyées et le lac aux eaux bleues qui vivront à jamais avec sa mémoire. Sa grandeur n'est pas liée à la guerre ni à l'ambition personnelle ; mais de toute l'humanité. Les couronnes que nous lui remettons n'ont aucune couleur douteuse. L'homme qui a sauvé la terre !

D'un tel début, Charley Huyck , maigre et frêle de corps, avec, déjà, la mélancolie de l'idéaliste et les yeux d'un poète. Charley Huyck , le garçon, traversant le trottoir chaud avec son paquet de papiers ; le morceau de verre très précieux dans sa poche et le soleil que lui seul devrait maîtriser brûlant sur lui. Un moment hors du temps ; le retour d'une goutte d'eau destinée à contrebalancer toute l'accumulation antérieure de l'histoire de l'homme.

Le soleil était chaud et brûlant, et l'enfant – il ne devait pas avoir plus de dix ans – jeta un coup d'œil par-dessus son épaule. C'était une question de calcul. Aux beaux jours de son enfance, il n'était pas entraîné par la chaleur et le temps : il avait l'enthousiasme de sa demi-vingtaine d'années et la joie du jouet. Nous n'oserons pas l'appeler l'esprit du scientifique, même s'il fut peut-être l'étincelle de l'investigation latente qui était destinée à mener jusqu'ici.

Un moment choisi hors du destin ! Un garçon et un jouet. Des millions de garçons ont joué avec le verre et les rayons du soleil. Qui ne se souvient pas du petit point rond et brûlant dans la paume de la main et de l'exclamation qui a suivi ? Charley Huyck avait trouvé un nouveau jouet, c'était une chose simple et vieille comme le verre. Le destin en sera toujours ainsi dans son travail.

Et le médecin ? Pourquoi aurait-il dû attendre ? Si ce n'était pas le destin, c'était au moins une accumulation de moments. Dans les lourdes lunettes, la barbe carrée et bien taillée ; et son expression intransigeante de recherche de faits. Ceux qui ont connu le Dr Robold affirment avec force qu'il était l'antithèse de toute émotion. Il était le produit le plus sévère de la science : inflexible, endurci par l'expérience et caustique dans sa condamnation de la fragilité de la nature humaine.

Sa seule fonction avait été de renverser les châteaux des insensés ; avec sa sagesse perspicace, il avait repéré le sophisme là où nous ne le pensions pas. Même dans les châteaux de la science, il était entré comme un poids lourd. Il est difficile de voir ses théories ridiculisées – oui, même pour un scientifique – et d'être traité d'imbécile ! Le Dr Robold ne connaissait pas de deuxième langue ; la science ne l'appréciait pas.

Sa mémoire, telle que nous l'avons, est celle d'un excentrique. Un homme légèrement compatissant, aux manières brusques et sans tact dans ses paroles. Le génie l'est souvent ; c'est un fait étrange que beaucoup des plus grands hommes aient été reniés par leurs semblables. Un grand homme et du rire. Il n'a pas été accepté.

Aucun d'entre nous ne sait aujourd'hui ce que cela a coûté au Dr Robold . Il n'était pas homme à nous le dire. Peut-être que Charley Huyck le pourrait ; mais ses lèvres sont scellées pour toujours. Nous savons seulement qu'il s'est retiré dans la montagne et que le flot de bienfaits qui en a résulté a plu à l'humanité. Et nous l'avons toujours nié. Le grand cynique de la montagne. Des secrets du lieu , nous savons peu de choses. Il n'était pas homme à accepter l'enquêteur ; il méprisait les curieux. On s'était moqué de lui – qu'on se moque de lui – il travaillerait seul au grand moment du futur.

A la lumière du passé , on pourrait bien s'agenouiller devant le médecin et son protégé, Charley Huyck . Deux hommes et le destin ! Que serions-nous sans eux ? On frémit rien que d'y penser.

Une petite chose, et pourtant l'un des plus grands moments de l'histoire du monde. Ce devait être le destin. Pourquoi cet homme sévère, qui détestait toute émotion, se détachait- il à ce moment-là ? Nous ne pouvons pas répondre à cela. Mais nous pouvons conjecturer. Peut-être que c'est ceci : nous avions tous tort ; nous avons accepté l'extérieur et la profession de l'homme comme le fait de sa moelle.

Aucun homme ne peut perdre toute émotion. Après tout, le médecin était comme nous : il était humain. Quoi qu'on en dise, nous avons la certitude de ce moment – et de Charley Huyck .

Les rayons du soleil étaient chauds ; ils brûlaient ; les trottoirs étaient intolérables ; l'air cuit dans la rue au canyon dansait comme celui d'un four ; un jour de canicule. Le garçon qui traverse la rue ; ses bras pleins de papiers et le verre bombé dans sa petite poche de hanche.

Au bord du trottoir, il s'est arrêté. Avec un tel soleil, il était impossible d'oublier longtemps son jouet. Il le sortit soigneusement de sa poche, déposa un papier et commença à éloigner son verre pour faire la mise au point. Il n'a pas remarqué l'homme à côté de lui. Pourquoi le devrait-il ? Le point rond, la fumée brunâtre, l'étincelle rouge et l'éclair de flamme ! Il l'a piétiné. Un moment hors de l'enfance; un miracle expérimental aussi vieux que l'âge du verre, et tout aussi délicieux. Le garçon avait gâté le nom d'un grand gouverneur d'un grand État ; mais le journal était toujours vendable. Il avait eu son moment. Marquez ce moment.

Une main lui toucha l'épaule. Le garçon se releva d'un bond. "Oui Monsieur. *Étoile* ou *Bulletin* ?

«Je vais en prendre un de chaque», dit l'homme. « Voilà maintenant. Je te regardais juste. Savez-vous ce que vous faisiez ?

"Oui Monsieur. Papier brûlant. Allumer le feu. C'est ainsi que procédaient les Indiens.

L'homme sourit devant la perversion des faits. Il n'y a pas une telle distance entre les bâtons et le verre à l'âge de l'enfance.

« Je sais, dit - il, les Indiens. Mais savez-vous comment cela a été fait ? le pourquoi… pourquoi le journal a commencé à flamber ?

"Oui Monsieur."

"Très bien, explique-toi."

Le garçon le regarda. C'était un garçon de la ville et habitué de la rue. Voilà un vieux intellectuel qui remettait en question sa sagesse. Bien sûr, il le savait. "C'est le soleil."

"Là", rit l'homme. "Bien sûr. Vous avez dit que vous le saviez, mais ce n'est pas le cas. Pourquoi le soleil, sans le verre, ne brûle-t-il pas le papier ? Dis moi ça."

Le garçon le regardait toujours ; il a vu que cet homme n'était pas comme les autres dans la rue. Il se peut que l'étrange intimité ait pris naissance à ce moment-là. Certes , c'était une étrange inflexibilité de la part du médecin.

"Ce serait le cas s'il faisait assez chaud ou si vous pouviez en rassembler suffisamment."

« Ah ! Alors c'est à ça que sert le verre, n'est-ce pas ?

"Oui Monsieur."

"Concentration?"

« Con… Je ne sais pas, monsieur. Mais c'est le soleil. Elle est sûrement chaude. J'en sais beaucoup sur le soleil, monsieur. Je l'ai étudié avec le verre. Le verre capte tous les rayons et les met dans un seul trou et c'est ce qui brûle le papier.

"C'est trop marrant. J'aimerais en avoir un plus gros; mais c'est tout ce que j'ai. Pourquoi, tu sais, si j'avais un verre assez grand et une place pour me tenir debout, je brûlerais la terre ?

Le vieil homme rit. « Eh bien, Archimède ! Je pensais que tu étais mort."

«Je ne m'appelle pas Archimède. C'est Charley Huyck .

Le vieil homme rit encore .

« Ah, n'est-ce pas ? Eh bien, c'est aussi un bon nom. Et si vous continuez, vous le rendrez célèbre sous le nom de l'autre. Dans lequel il prédisait l'histoire. "Où habites-tu?"

Le garçon cherchait toujours. D'ordinaire, il ne l'aurait pas dit, mais il fit un geste en retour avec son pouce.

« Je ne vis pas ; Je loge dans Brennan Street.

"Oh je vois. Votre chambre. Où est ta mère?"

"Cherche moi; Je ne l'ai jamais vue.

"Je vois; et ton père?"

"Comment puis-je savoir. Il est parti flotter quand j'avais quatre ans.

"Flottant?"

"Oui, monsieur, en mer."

« Alors ta mère est partie et ton père flotte. Archimède est à la dérive. Tu vas à l'école?"

"Oui Monsieur"

"Quel lecteur ?"

« Pas de lecteur. Sixième année."

"Je vois. Quelle école?"

« École vingt-six. Dis, il fait chaud. Je ne peux pas rester ici toute la journée. Je dois vendre mes papiers.

L'homme a sorti un sac à main.

«Je vais prendre le lot», dit-il. Puis gentiment : « Mon garçon, j'aimerais que tu m'accompagnes. »

C'était un moment étrange. Une petite chose sous le regard du destin. Quand le destin joue, elle choisit des moments étranges. C'en était un. Charley Huyck est allé avec le Dr Robold .

CHAPITRE II
LE POISON PALL

Nous nous souvenons tous de ce jour fatal où la nouvelle a surpris tout Oakland. Personne ne peut l'oublier. Au début, cela ressemblait à un canular de journal, malgré la véracité souvent proclamée par la presse, et nous étions enclins à rire. « En dépit de notre émerveillement devant l'histoire et de ses impossibilités, nous n'étions pas peu enthousiasmés par le courage de l'homme qui l'a racontée.

C'était à l'époque de la lecture sèche. Le monde était devenu peuplé et bien nourri de contenu. Nos artistes de la boîte à savon en étaient enfin arrivés au point où ils prêchaient non pas un désastre, mais un grand merci pour le millénaire qui était là. Une période de calme utopique : pas de méchant au coin de la rue ; personne ne convoite le bœuf de son prochain.

Lecture tranquille, vous l'admettrez. C'était l'époque du millénaire. Il ne s'est jamais rien passé. J'espère qu'ils ne reviendront plus jamais. Et puis:

Honnêtement, nous n'étions pas responsables d'avoir accordé de tout notre cœur une bénédiction à ce journaliste. Même si c'était un canular, c'était au moins quelque chose.

En plein midi. L'horloge de l'hôtel de ville venait de sonner l'heure qui tenait le poste, entre le matin et l'après-midi, une journée chaude avec un ciel clair et azur ; une journée tranquille de paix sereine et de contentement. Un moment étrange et présage. En regardant en arrière et en examinant ce miracle, nous pouvons supposer que c'est la clarté de l'atmosphère et l'éclat du soleil qui ont contribué à l'impact du désastre. Sachant ce que nous savons maintenant, nous pouvons apprécier l'impulsion des phénomènes naturels. Ce n'était *pas* un miracle.

Le lieu : Quatorzième et Broadway, Oakland, Californie.

Heureusement, les milliers d'employés présents dans les magasins n'étaient pas encore sortis pour leur déjeuner. Le simple fait de mettre un chapeau ou de tapoter un ruban a sauvé mille vies. On frémit à l'idée de ce qui se serait passé si l'endroit avait été bondé. Pourtant, c'était trop impossible et trop terrible pour être vrai. De telles choses ne pourraient pas arriver.

En plein midi : deux tramways traversant le quatorzième sur Broadway – deux voitures avec le même cahot et le même aspect que n'importe lequel des cent mille voitures à un coin de circulation. Ce qui est étonnant, c'est qu'il y avait si peu de monde. Une voiture Telegraph partait et une voiture Broadway arrivait. L'agent de la circulation à son poste venait de donner son signal.

Deux automobiles passaient et un seul piéton, dit-on, traversait le coin en diagonale. Nous n'en sommes pas certains.

C'était un moment qui ressemblait à un miracle. Alors même que nous le racontons, connaissant l'explication, nous sentons l'impossibilité de l'événement. Un phénomène qui résiste et, malgré nos constatations, s'attarde dans le miraculeux. Être et ne pas être. Un instant de vie et d'action, une scène ordinaire de monotonie existante ; et l'instant d'après plus rien. L'endroit, le carrefour de la rue, les tramways qui passent, les deux automobiles, le piéton, le policier, inexistants ! Lorsque les événements sont instantanés, les rapports peuvent être trompeurs. C'est ce que nous trouvons.

Certains de ceux qui l'ont vu rapportent un éclair de lumière blanche bleuâtre ; d'autres qu'il était d'une teinte verdâtre ou même violette ; et d'autres, sans doute d'une vision plus forte, que ce n'était pas seulement d'une couleur prédominante, mais qu'il était étincelant et scintillant d'une myriade de points de flammes et de brûlures.

Il ne donnait aucun avertissement et ne faisait aucun bruit ; même pas un bruit. Comme un souffle chaud sorti du vide. Quelles que soient les forces qui s'étaient concentrées, elles étaient destructrices. Il n'y avait ni quatorzième ni Broadway. Les deux automobiles, les deux tramways, le piéton, le policier avaient été emportés comme s'ils n'avaient jamais existé. A l'intersection des rues se trouvait un gouffre béant qui plongeait jusqu'au centre de la terre avec une profondeur de nausée.

C'était instantané; c'était sans bruit ; pas d'avertissement. Une force formidable au potentiel illimité avait été libérée dans une violence cinétique. C'était la soudaineté et le silence qui démentaient toute crédibilité. Nous avions l'habitude d'associer tout désastre à la confusion ; la calamité a une affinité avec le pandémonium, toutes choses de terreur culminent en son. Dans ce cas, il n'y avait aucun son. D'où l'émerveillement.

Un trou ou un alésage de quarante pieds de diamètre. Sans le moindre avertissement et sans la moindre confusion. Tous les spectateurs affirment qu'au début ils n'y voyaient rien d'autre qu'un effet de surprise. Presque subtil. Ce n'est qu'après une bonne minute de réflexion qu'ils se rendirent compte qu'un miracle s'était opéré sous leurs yeux. Alors la foule s'est précipitée et avec une crainte, puis une terreur éveillée, a regardé cette terrible fosse.

Nous disons « Terrible » car dans ce cas c'est un adjectif exact. Le trou le plus étrange dans lequel l'homme ait jamais regardé. Il était si profond qu'au premier abord il semblait n'avoir aucun fond ; même la vue la plus forte ne pouvait pas pénétrer l'obscurité fumante qui enveloppait les profondeurs descendantes. Il fallait un cœur vaillant et du courage pour se tenir debout et garder la tête au bord du gouffre, ne serait-ce qu'une minute.

C'était droit et précipité ; un cercle parfait en forme ; avec des côtés aussi lisses que l'effet du travail d'une machine, le trottoir et la bordure en pierre avaient été coupés comme au rasoir. Des deux tramways, des deux automobiles et de leurs occupants, il n'y avait rien. Le tout si silencieux et complet. Même les spectateurs n'y croyaient pas vraiment.

C'était une chose difficile à croire. Les journaux eux-mêmes, lorsque la nouvelle arriva à grand bruit, l'acceptèrent avec réticence. Cela ressemblait trop à un canular. Ce n'est que lorsque les journalistes les plus fiables seraient partis et auraient envoyé leurs rapports qu'ils pourraient même y réfléchir. Ensuite, le monde entier s'est levé et a pris conscience de cette situation.

Un miracle! Comme Oakland's Press, nous doutions tous de ce trou. Nous avions atteint presque tout ce qui valait la peine d'être connu ; nous étions les maîtres de la terre et de ses secrets et nous étions fiers de notre sagesse ; Naturellement, nous avons refusé de tels rapports pour des raisons de raison. Ce doit être un canular.

Mais les fils étaient persistants. Est venu la corroboration. Bientôt, une organisation fiable de collecte d'informations arriva avec des comptes rendus élaborés et détaillés de ce qui se passait. Nous avons eu des nouvelles de la plus haute autorité et la plus réputée.

Et pourtant, nous doutions. C'est l'histoire elle-même qui a suscité le doute ; sa touche de miracle. C'était trop facile de s'en prendre au journaliste. Il pourrait y avoir un trou, et tout ça ; mais cette chose sans explication ! Une bombe peut-être ? Pas de bruit? Un nouvel explosif ? Ça n'existe pas? Eh bien, comment le savons-nous ? C'était mieux qu'un miracle.

Puis sont arrivés les scientifiques. Dès que possible, des hommes de grand esprit avaient été précipités sur les lieux. Le monde avait depuis longtemps l'habitude d'accepter sans hésitation le dicton de ces grands spécialistes des faits. Avec leur train de réalisations derrière eux, nous serions difficilement cohérents si nous doutions d'eux.

Nous connaissons le scientifique et ses habitudes. C'est le seul homme qui ne croira rien jusqu'à ce que cela soit prouvé. C'est son métier, et pour cela nous le payons. Il peut attraper le plus petit insecte qui ait jamais rampé hors d'un atome et lui donner un nom si long qu'un lutteur polonais, s'il devait le supporter, craquerait sous le fardeau. C'est son talent pour s'infiltrer qui nous a donné notre civilisation. On ne déroute pas un scientifique dans notre utopie . Cela ne peut pas être fait. C'est l'une des raisons pour lesquelles nous avons commencé à croire au miracle.

En quelques instants, une foule de plusieurs milliers de personnes s'était rassemblée sur place ; la foule devenait si dense qu'il y avait un risque que certains d'entre eux se retrouvent entassés dans la fosse au centre. Il a fallu tous les policiers de réserve de la ville pour les repousser suffisamment loin pour tendre des cordes dans les coins. Pendant des pâtés de maisons, les rues étaient remplies de milliers de personnes étonnées. La circulation routière était impossible. Il a fallu détourner les voitures vers un itinéraire détourné pour garder les artères ouvertes vers la banlieue.

De folles rumeurs se sont répandues dans la ville. Personne ne savait combien de passagers il y avait dans les tramways. Les responsables de l'entreprise, à partir du planning, pouvaient choisir les numéros des voitures et de leurs équipages ; mais qui pourrait parler des occupants ?

Les téléphones sonnaient avec des supplications en larmes. Lorsque les premières rumeurs de l'horreur se sont répandues, chaque femme et chaque mère ont senti la panique lui serrer le cœur. C'était un moment de psychologie historique. Dans nos livres, nous avions entendu parler de cette phase étrange de la nature humaine qui avait l'habitude de surgir comme une chose folle et hurlante à la suite d'un désastre. Nous n'en avions jamais eu dans Utopia.

C'était d'abord grondant et par exagération ; à mesure que l'histoire remontait plus loin vers les milliers de personnes en attente, elle gagnait en répétition. Sinistre et assez terrible en fait, cela s'explique par la répétition. Peut-être qu'après tout ce n'était pas de la psychologie. L'impulsion moyenne de l'esprit humain n'augmente même pas aussi exactement. À la lumière de ce que nous savons maintenant, il se peut que ce soit le poison qui s'est répandu dans l'air ; le nouvel élément qui imprégnait l'atmosphère de la ville.

Au début, c'était spasmodique. Les témoins les plus proches du désastre furent les premières victimes. Un étrange mal commença à se manifester parmi ceux de la foule qui s'étaient trouvés sur le lieu du contact. C'est à remarquer. Étrange affliction qui, par la virulence et la rapidité de son action, laissait perplexe les médecins.

Ceux parmi les médecins qui consentaient à la déclaration ont déclaré qu'il s'agissait d'une dégradation des tissus. Ce qui était bien sûr le cas ; le nouvel élément qui rayonnait dans l'atmosphère de la ville. Ils ne le savaient pas alors.

C'est dommage ! Le voile subtil et inodore enveloppait silencieusement la ville. En peu de temps , les hôpitaux furent pleins et il fallut faire appel à l'aide médicale de San Francisco. Ils n'ont même pas eu le temps de poser un diagnostic. La nouvelle peste était mortelle presque dès la conception. Heureusement, les scientifiques ont fait la découverte.

C'était le drap. Au bout de trois heures , on sut que la liste des morts s'étendait sur Oakland. Nous pouvons remercier nos étoiles d'avoir appris cela si tôt. Si le véritable avertissement était arrivé quelques heures plus tard, la liste des morts aurait été épouvantable.

Un nouvel élément avait été découvert ; ou sinon un élément nouveau, du moins quelque chose qui bouleversait toutes les lois de l'enveloppe atmosphérique. Une nouvelle combinaison qui lui fut fatale. Lorsque la nouvelle et l'avertissement ont été diffusés, la panique s'est abattue sur les rives de la baie.

Mais certains hommes sont restés coincés. Face à une telle terreur, certains sont restés et, avec tristesse et sacrifice, se sont accrochés à leurs postes pour l'humanité. Il y en a qui avaient dit que l'étoffe des héros était décédée. Qu'ils considèrent alors le cas de John Robinson.

Robinson était opérateur télégraphiste. Jusqu'à ce jour, il était un pauvre inconnu ; pas du tout meilleur que ses camarades. Il a désormais un nom qui restera dans l'histoire. Face à ce qu'il savait, il resta sous la couverture. Les derniers mots d'Oakland, son dernier message :

« La ville entière d'Oakland en proie à une étrange folie. Restez en dehors d'Oakland », suivi d'un commentaire personnel aléatoire :

«Je peux le sentir venir sur moi-même. C'est comme ce qu'ont dû ressentir nos ancêtres lorsqu'ils s'enivraient, alternant envies de combat et de chant, une sensation étrange, légère et extatique avec un tic spasmodique sur le front. Terriblement soif. Je tiendrai le coup si j'arrive à avoir assez d'eau. Jamais aussi sec de ma vie.

S'ensuit une période de silence. Puis les derniers mots : « Je suppose que nous sommes finis. Il y a du poison dans l'atmosphère, quelque chose. Bien sûr, cela a fuité à partir de cette histoire du Quatorzième et de Broadway. Le Dr Manson de l'American Institute dit que c'est quelque chose de nouveau qui forme une combinaison fatale ; mais il ne peut pas comprendre un élément nouveau ; la quantité est trop énorme.

« La population a été avertie de quitter la ville. Toutes les routes sont remplies de réfugiés. Les collines de Berkeley sont couvertes de mouches — au nord, à l'est et au sud, ainsi que sur les bateaux à destination de Frisco. Le poison, quel qu'il soit, avance en boucle depuis le Quatorzième et Broadway. Vous devez le transmettre à ces vieux garçons de science. Ils restent avec cette bague. Ils ont déjà calculé le rythme de son avancée et ont donné l'avertissement. Ils ne savent pas ce que c'est, mais ils ont compris à quelle vitesse cela évolue. Ils ont sauvé la ville.

«Je suis l'un des rares hommes désormais à l'intérieur de la vague. Par curiosité, je suis resté bloqué. J'ai une cruche et tant qu'elle durera, je resterai. Sentiment étrange. Sec, sec, sec, comme si le jus de nos cellules vitales se transformait en poussière. L'eau s'évapore presque instantanément. Il ne peut pas traverser le verre. Quel que soit le poison, il a une affinité pour l'humidité. Je ne le comprends pas. J'en ai eu assez-"

C'était tout. Après cela, il n'y eut plus de nouvelles d'Oakland. C'est le seul mot que nous sortons du voile lui-même. C'était court, déconnecté et un peu argot ; mais pour autant une base à partir de laquelle conjecturer.

C'est une chose étrange et glorieuse que certains hommes s'en tiennent au poste de danger. Cet opérateur savait que cela signifiait la mort ; mais il a tenu bon. S'il avait eu une formation scientifique, ses informations auraient pu être d'une valeur inestimable. Cependant, que Dieu bénisse son âme héroïque !

Ce que nous connaissons, c'est la soif ! La parole venue des experts l'a confirmé. Un nouvel élément de force volait ou sapait l'humidité de l'atmosphère. Il n'a pas été possible de déterminer si cela se combinait et entraînait un poison.

Les chimistes travaillaient frénétiquement aux avant-postes du cercle en progression. En quatre heures , elle avait couvert la ville ; en six, elle avait atteint San Leandro et avançait vers Haywards.

C'était une histoire étrange et incroyable dès le début. Pas étonnant que le monde ait douté. Une telle chose n'était jamais arrivée. Nous avions accepté la loi de juger l'avenir par le passé ; par déduction ; nous étions habitués à la séquence et à la loi ; aux lois de la nature. Cette chose ressemblait effectivement à un miracle ; c'était simplement parce que – comme c'est généralement le cas avec les « miracles » – nous ne pouvions pas le comprendre. Heureusement, nous pouvons regarder en arrière maintenant et toujours placer notre foi dans la nature.

Le monde doutait et avait peur. Ce péril allait-il s'étendre lentement à tout l'État de Californie, puis au monde entier ? Le doute précède toujours la terreur. Un monde tendu attendait. Puis vint le mot de réconfort de la part des scientifiques :

« Danger passé ; la vigueur de l'anneau diminue. Les calculs ont déduit que la puissance de la vague diminue lentement. Il est encore trop tôt pour affirmer qu'il y aura des récessions, car la vague atteint tout juste son zénith. Ce que c'est, nous ne pouvons pas le dire ; mais cela ne peut pas être inexplicable. Au bout d'un moment , tout sera expliqué. Dites au monde qu'il n'y a aucune raison de s'alarmer.

Mais le monde était maintenant réveillé ; comme il doutait auparavant de la vérité, il doutait maintenant de la réassurance. Les scientifiques le savaient-ils ? Auraient-ils pu voir seulement l'avenir ! Nous savons maintenant que ce n'est pas le cas. Il n'y avait qu'un seul homme au monde assez grand pour prévoir le désastre. Cet homme était Charley Huyck .

CHAPITRE III
LA MONTAGNE QUI ÉTAIT

Le jour même où tout cela s'est produit, un jeune homme, nommé Pizzozi et d'origine italienne, a quitté la petite ville d'Ione, dans le comté d'Amador, en Californie, avec un petit camion chargé de sel. Il était l'un des éleveurs dont le quartier général ou les fermes familiales sont regroupées au pied des Sierras. Pendant la saison des pluies, ils restent dans leur pays natal, dans la vallée ; en été, ils pénètrent dans les montagnes. Pizzozi était venu des montagnes la nuit précédente, après avoir acheté du sel. Il était sur la route depuis minuit.

Deux mille bovins avides de sel ne laissent pas le temps de bavarder. Fort de sa course, Joe avait chargé son camion et, après une course au petit-déjeuner, il était retourné dans les montagnes. Lorsque les nouvelles d'Oakland faisaient le tour du monde , il se trouvait loin dans les Sierras.

Les quartiers d'été de Pizzozi étaient proches du mont Heckla , dont les épaules menaçantes s'élevaient en carré au centre du pâturage des trois frères. Ce n'était pas une montagne remarquable - jusqu'à ce jour - et il n'y avait aucune raison pour un nom autre que le fait qu'il s'agissait d'un sommet remarquable de la chaîne ; comme mille autres, accidenté, recouvert de pins, recouvert de broussailles de cerf, de terre rouge et de misère montagnarde .

C'est la broussaille à cerf qui lui donnait de la valeur pour les Pizzozi , une nourriture succulente plus riche que la luzerne. Au début de l'été, ils arrivaient avec du bétail osseux. À leur retour, à l' automne , ils partaient conduire des steaks de bœuf. Mais le bétail de l'intérieur des terres a besoin de plus que du fourrage. Le sel est la teinture qui les rend sains.

L'époque du salage régulier était bien loin. Pizzozi était pressé. Il était neuf heures lorsqu'il traversa la ville minière de Jackson ; et à midi — minute du désastre — il était bien au-delà du dernier petit hameau rattaché à la civilisation. Il était quatre heures lorsqu'il s'arrêta devant la petite cabane abritée par des pins qui était son quartier général pour l'été.

Il était sur la route depuis minuit. Il était fatigué. Les longues heures de conduite éreintantes, les notes, le stress invariable malgré la poussière rouge foncé, la chaleur, l'étendue d'une nuit et d'un jour avaient épuisé à la fois l'esprit et les muscles. C'était à son tour d'aller chercher le sel ; maintenant qu'il était là, il pouvait se reposer un peu pendant que ses frères faisaient le salage.

C'était un endroit paisible ! cette cabane des Pizzozis ; niché parmi les arbres d'ombrage vierges, de grands pins à sucre plumeux avec un chêne vivant des montagnes s'étendant sur la cour de la porte. À l'est, les hauteurs montantes des Sierras, brumeuses, gris-vert, ondulent au loin jusqu'aux crêtes de neige rose-blanc de Little Alpine. En contrebas dans le canyon, les eaux du Mokolumne ; à l'ouest, les lourdes masses sombres du mont Heckla , profondément verdoyantes dans la fraîcheur du soir à venir.

Joe s'arrêta à l'ombre du chêne vert. L'air était plein du parfum frais et doux de l'après-midi. Aucun moment n'aurait pu être plus paisible ; le ciel bleu clair au-dessus, le souffle de l'été et l'épice apaisante des pins. Un chien de berger sortit de la porte pour venir à sa rencontre.

C'était son chien de vache préféré. Habituellement, lorsque Joe revenait, le chien était loin sur la route pour le devancer. Il s'était interrogé distraitement, en remontant, sur le retard du chien. Un chien est avant tout une créature d'habitudes ; seul quelque chose d'inhabituel le retiendrait. Pourtant le chien était là ; Alors que l'homme s'approchait, il se précipita dehors pour le saluer. Une précipitation, un cercle, un aboiement et un gémissement de bienvenue. Peut-être que le chien dormait.

Mais Joe remarqua ce gémissement ; il était sage en matière de chiens ; quand Ponto gémissait ainsi, il y avait quelque chose d'inhabituel. Ce n'était ni expansif ni spontané ; mais plutôt du délice du secours. Après à peine une minute de caresses, le chien s'accroupit et se tourne vers l'ouest. Son gémissement était surprenant ; presque craintif.

Pizzozi savait que quelque chose n'allait pas. Le chien se redressa, la queue courte dressée et les poils tous hérissés ; un regard était pour son maître et l'autre pleurnicheur et attentif au mont Heckla . Intrigué, Joe regarda la montagne. Mais il n'a rien vu.

Était-ce l'instinct canin ou était-ce une coïncidence ? Nous avons le récit de Pizzozi . D'après les mots de l'Italien, le chien avait peur. Ce n'était pas la manière de Ponto ; généralement, face au danger, il était alerte et impatient ; maintenant il s'éloigna vers la cabane. se demanda Joe.

À l'intérieur de la cabane, il n'a trouvé que des preuves du départ. Il n'y avait aucun signe de ses frères. C'était à son tour de s'endormir ; il était fatigué jusqu'à l'engourdissement, depuis quarante-huit heures il n'avait pas fermé une paupière. Sur la table se trouvaient quelques plats non lavés et des miettes de nourriture. L'un des trois fusils habituellement accrochés au mur manquait ; la cafetière était par terre avec le couvercle ouvert. Sur le lit, les couvertures étaient en désordre. C'était une tentation de s'endormir. Derrière lui la porte ouverte et Ponto. Le gémissement du chien mettait en corrélation sa volonté et sa conscience. Un léger bruissement dans les pins à sucre émanait du canyon.

Joe surveillait le chien. Le soleil brillait à peine sur la crête de la montagne ; sur la ligne ouest, les silhouettes en dentelle profonde des pins et la tête nue et chauve de Heckla . Qu'est-ce que c'était? Ses frères devraient être présents pour le salage ; ce n'était pas leur habitude de remettre les choses au lendemain. Se protégeant les yeux, il sortit de la porte.

Le chien se leva furtivement et marcha derrière lui, inquiet, avec le même gémissement insistant et les mêmes cheveux ébouriffés. Joe a écouté. Seules les murmures de la montagne, le doux souffle de la forêt et, en retenant son souffle, la mélodie ondulante de la rivière bien en dessous de lui.

« Qu'est-ce que tu vois, Ponto ? Ce que tu vois?"

A ces mots, le chien renifla et s'avança légèrement : un grognement puis une soudaine course sur les talons de son maître. Ponto avait peur. Cela a intrigué Pizzozi . Mais quoi que ce soit qui ait éveillé sa peur, c'était sur le mont Heckla .

C'est l'une des parties étranges de l'histoire : le rôle joué par le chien et ce qui a suivi. Bien que ce soit une chose insignifiante, c'est l'une des plus inexplicables. Le chien l'a-t-il senti ? Nous n'avons aucune mesure de l'étendue de l'instinct, mais nous savons qu'avant la destruction de Pompéi, les bêtes rugissaient dans leurs cages. Pourtant, sachant ce que nous savons aujourd'hui, il est difficile d'accepter l'analogie. Il se peut, après tout, que ce soit une coïncidence.

Pourtant Pizzozi a décidé . Le bétail avait besoin de sel. Il rattraperait son pinto et se dirigerait vers les bûches de sel.

Il n'y a pas de moment dans l'industrie bovine comparable au salage en pâturage. Ce n'est peut-être pas le plus spectaculaire, mais il ne manque sûrement pas d'intensité. La voie de Pizzozi était musicale même si elle n'était pas lyrique. Il émit un cri à longue portée, un rythme ascendant qui, par sa profondeur et son ton, avait un effet particulier sur l'immobilité brisée. Il résonnait, se répercutait et carillonnait du haut jusqu'au bas de la montagne. L'appel du sel est le talisman des montagnes.

« *Alleewahoo !* »

Deux mille bovins, augmentés de mille animaux errants, levèrent la tête en réponse. Le reniflement de l'appel salé bienvenu ! Dans toute la gamme de la voix de l'homme, le bétail s'arrêta dans son pâturage feuillu et écouta.

« *Alleewahoo !* »

Une vieille vache beuglait. C'était le début du chaos. Du bas de la montagne jusqu'au sommet et sur des kilomètres au-delà, l'appel du sel retentissait. Trois mille têtes beuglaient pour le plaisir du salage.

Pizzozi les accompagnait. Chaque saut de son pinto à travers la grande misère enchevêtrée était accentué. « *Alleewahoo ! Alleewahoo !* » Le déchirement des broussailles, la confusion et le pandémonium se sont répandus jusqu'au fond des ravins feuillus. Ce n'est pas un endroit pour un piéton. Têtes et queues dressées, le bétail se précipitait vers les bûches.

Quelques têtes l'avaient devancé. Il les chassa rapidement et ouvrit le sac. En toute hâte, il le versa sur les bûches ; puis il sortit de la poussière qui, sur des mètres à la ronde, était réduite à la poudre la plus fine. Le centre d'un troupeau de bétail de salage n'est pas un endroit pour le confort. L'homme s'en alla ; à gauche, il gravit une colline basse où il serait à l'abri de la bousculade ; mais suffisamment proche pour distinguer les marques.

En un rien de temps, l'endroit fut rempli de matériel de meunerie. Les vieilles vaches, les génisses, les taureaux, les veaux, les bœufs se sont précipités hors des broussailles pour se jeter dans la clairière. Il n'y a pas de moment exactement pareil. Ce qui était auparavant une vaste clairière de poussière brun-rougeâtre fut piétiné par un vaste nuage de flou hurlant, un millier de bétail, et toujours en route. Du plus haut sommet vint un appel résonnant. Pizzozi leva les yeux vers le sommet de la montagne.

Et puis une chose étrange s'est produite.

D'après ce que nous avons appris des récits enthousiastes de Pizzozi, cela a été instantané ; et pourtant, par les mêmes mots, c'était d'un effet si particulier et si beau qu'il ne devait jamais être oublié. Un azur bleuâtre, mais avec une myriade de taches pourpres, une vivacité particulière d'opalescence ; le monde entier scintillant ; le ciel, l'air, la montagne, une vaste flamme de couleur si large et si intense qu'il ne semblait rien à côté d'elle. Et instantanément : c'était fini presque avant d'avoir commencé. Pas de bruit ni d'avertissement, et pas de détonation ultérieure : aussi silencieux qu'un clin d'œil et très semblable, en effet, à l'étrange flou de couleur induit par une vision défectueuse. Tout cela en une fraction de seconde. Pizzozi regardait la montagne. Il n'y avait pas de montagne !

Il n'y avait pas non plus de bétail. Là où auparavant se trouvait l'ombre du sommet imposant, se trouvaient désormais les rayons du soleil occidental. Là où était le flou du troupeau et son pandémonium assourdissant, c'était maintenant un étrange silence. La transparence de l'air était intacte au loin. Au loin s'étendait une plage paisible au coucher du soleil. Il n'y avait pas de montagne ! Il n'y avait pas non plus de bétail !

L'espace d'un instant, l'homme en eut assez de sa mustang plongeante. Dans le flou de la seconde suivante, Pizzozi ne se souvient de rien d'autre que d'une convulsion de chair de cheval combattant se débattant, se tordant, plongeant, le doux pinto soudainement devenu fou en démon. Il fallait toute l'habileté du vacher pour retenir sa selle.

Il ne savait pas qu'il chevauchait au bord de l'Éternité. Dans son esprit se trouvait la vague réalisation subconsciente d'une chose qui s'était produite. Malgré tous ses efforts, le cheval recula. Il fallut quelques instants avant qu'il ne conquière. Puis il a regardé.

Ce fut un moment lent et hésitant. On ne peut pas expliquer ce qu'il fera face à un miracle. Ce que voyait l'Italien suffisait à le terroriser. L'immensité de la chose était trop difficile à imaginer.

Au premier regard, son esprit simplex s'engourdit par pure impuissance ; sa terreur se figea dans une certaine mesure. L'ensemble du mont Heckla avait été rasé ; à la place de son ombre sombre, le soleil déclinant lui clignotait au visage ; tout le ciel occidental tout doré. Il n'y avait aucun vestige de la clairière plate au pied de la montagne. Des deux mille bêtes qui broyaient dans la poussière, il ne restait plus une seule. L'homme se signa de stupeur. Machinalement, il mit les éperons au pinto.

Mais pas la Mustang. Une autre lutte contre la chair de cheval en colère, qui se bat, qui se bat. Le vacher doit nécessairement apporter toute l'habileté de sa formation ; mais au moment où il eut conquis, son esprit s'était installé dans une certaine mesure de compréhension.

Le poney avait de bonnes raisons d'être terrorisé. Cette fois, même si l'esprit de l'homme était ébranlé, il ne devint pas muet face au choc de l'immensité. Non seulement la montagne entière a été arrachée, mais aussi ses racines. Tout était sens dessus dessous ; le monde déchiré jusqu'aux entrailles. Au lieu de ce qui avait été la hauteur, il y avait un gouffre si profond que ses profondeurs étaient noires.

Il se tenait au bord du gouffre. C'était un homme cool, c'était Pizzozi ; mais il était difficile, dans la confusion d'un pareil miracle, de penser clairement ; encore moins à raisonner. La mustang cabré reniflait de terreur. L'homme baissa les yeux.

Le vertige même du gouffre, se perdant dans les ombres et le chaos, le submergeait, son esprit étant désormais suffisamment clair pour que sa perception soit ébranlée au loin. La profondeur était nauséabonde. Son corps tout entier succomba à un soudain sentiment de faiblesse : le mal qui survient juste avant de tomber. Il est devenu mou en selle.

Mais le cheval recula ; averti par instinct, il s'éloigna des rives abruptes du golfe. Cela n'avait d'autre raison que sa nature. A cet instant, il sentit le bris de la volonté de fer de son maître. En un instant, il s'était retourné et s'était lancé dans une course folle hors des montagnes. Aux moments suprêmes, un cheval de bétail frappera toujours pour rentrer chez lui. Le pinto et son cavalier boiteux fuyaient sur la route de Jackson.

Pizzozi n'avait aucune connaissance de ce qui s'était passé à Oakland. Pour lui, tout cela n'avait été qu'un éclair de miracle ; il ne pouvait pas raisonner. Il n'a pas freiné son cheval. Qu'il soit toujours en selle était dû davantage à l'instinct de son entraînement qu'à sa volonté.

Il ne s'est même pas arrêté à la cabane. Qu'il puisse gagner plus de temps avec son moteur qu'avec sa pinto ne lui venait pas à l'esprit ; son esprit était bien trop occupé ; et, maintenant que l'affaire était passée, trop de terreur. La ville était à quarante-quatre milles ; il faisait nuit et les étoiles brillaient lorsqu'il entra dans Jackson.

CHAPITRE IV
« L'HOMME – UN GRAND PETIT BUG »

Et qu'en est-il de Charley Huyck ? C'est son anticipation et sa formation qui nous laissent ici pour raconter l'histoire. Sans la manière étrange de son éducation, et sans la foi et l'appréciation vives du Dr Robold , il n'y aurait aujourd'hui aucune histoire à raconter. Le petit incident du verre brûlant avait pris de l'ampleur. Si le Destin n'existe pas, il existe au moins quelque chose qui se rapproche beaucoup du Destin.

Cette nuit-là, nous retrouvons Charley à l'observatoire en Arizona. C'est un homme adulte et formidable, et bien que mature, il n'est pas très éloigné du garçon que nous avons rencontré dans la rue vendant des journaux. Grand, élancé, très légèrement voûté et avec les mêmes yeux idéalistes et rêveurs du poète. Personne ne l'aurait sûrement pris pour un scientifique à première vue. Ce qu'il était et ce qu'il n'était pas.

En effet, il y a quelque chose de très différent dans la science de Charley Huyck . De la science certes, mais pas prosaïque. Il fut le premier et peut-être le dernier de l'école du Dr Robold , une combinaison particulière de poésie et de faits, un homme de vision, d'une foi vaste et clairvoyante et d'un idéalisme liés et basés sur les vérités les plus froides et les plus sévères du matérialisme. Un principe particulier de la théorie de Robold : « La vraie science, pour être elle-même, devrait être à moitié poésie. » Ce que tous ceux d'entre nous qui ont lu ou qui ont été à l'école savent que ce n'est pas le cas. Il s'agit d'une théorie particulière et bien que plutôt farfelue, avec quelques points en faveur.

Nous connaissons tous nos maîtres d'école ; surtout ceux de la science et ce qu'ils représentent. Des faits, des faits, rien que des faits ; pas de rêves ni de romance. Avec le recul , nous pouvons leur accorder à peu près les émotions des concombres. Nous nous souvenons de leurs traits froids et durs, de l'incitation à la réalité, de l'accumulation de données. Il n'y a sûrement pas de poésie là-dedans.

Pourtant, nous ne devons pas nier qu'ils ont été de loin les hommes les plus puissants dans le progrès de la civilisation. Même Robold ne le nierait pas.

Le point est le suivant :

Le docteur soutenait que depuis le début, le progrès de la civilisation matérielle s'était fait selon trois voies distinctes : science, invention et administration. C'était simplement sa théorie selon laquelle les deux premiers ne devraient en faire qu'un ; que le savant ne s'occupe pas seulement de faits concrets mais d'inventions, et que l'inventeur, à moins qu'il ne soit un savant, ne maîtrise que la moitié de son métier. "Le véritable grand scientifique devrait être un visionnaire", a déclaré Robold , "et un inventeur n'est qu'un poète doté d'outils."

C'est là que nous trouvons Charley Huyck . C'était un visionnaire, un scientifique, un poète doté d'outils, le protégé du Dr Robold . Il rêvait de choses auxquelles aucun scientifique n'avait pensé. Et nous sommes reconnaissants pour son rêve.

Le seul grand ami de Huyck était le professeur Williams, un homme de la ville natale de Charley, qui le connaissait déjà à l'époque où il vendait des journaux. Ils avaient été amis dans leur enfance, à l'adolescence et à nouveau à l'université . Des années plus tard, lorsque Huyck était devenu le visionnaire, le mystérieux Homme de la Montagne et Williams un grand professeur d'astronomie, l'amitié était plus forte que jamais.

Mais il y avait une différence entre eux. Williams était d'une grande précision, sans la moindre vision au-delà de la science pure. Il avait été élevé dans la vieille théorie glaciale de l'exactitude ; il vivait en chiffres. Il ne comprenait ni Huyck ni son raisonnement. Parfaitement disposé à suivre dans la mesure où les faits le permettaient, il refusa de se lancer dans la spéculation.

C'était le point entre eux. Charley Huyck avait une vision ; bien qu'exact comme tout homme, il avait toujours une partie de son esprit se précipitant vers la spéculation. Ce qui est et ce qui pourrait être, et le fossé qui les sépare. Combler le fossé était l'œuvre de toute une vie de Charley Huyck .

Dans le petit bureau douillet de l'Arizona, nous les trouvons ; Charley les pieds posés sur le bureau et Williams précis et pointilleux, fidèle à sa formation, défendant l'exactitude de sa philosophie. C'était la fraîcheur de la soirée ; le soleil adoucissait juste la chaleur du désert. Par la porte et les fenêtres ouvertes , un vent frais soufflait. Charley fumait ; la même vieille pipe avait été le fléau de la vie de Williams à l'université.

"Alors nous savons?" demandait-il.

« Oui, » dit le professeur, « ce que nous savons, Charley, nous le savons ; même si, bien sûr, ce n'est pas grand-chose. Il est très difficile, voire impossible, de nier les chiffres. Nous avons non seulement les preuves de la géologie mais aussi celles du calcul astronomique, nous avons autour de nous des faits et des chiffres ainsi que nos relations sidérales.

« Le monde doit prendre fin. C'est difficile à dire, mais c'est un fait scientifique. Lentement, inévitablement, impitoyablement, la fin viendra. Une simple question d'arithmétique.

Huyck hocha la tête. C'était sa fonction particulière dans la vie d'être en désaccord avec son ancien colocataire. Il était descendu de sa propre montagne du Colorado juste pour le plaisir de la différence.

"Je vois. Vos vieux calculs de retard de marée. Ou si cela ne fonctionne pas, la perte d'oxygène et d'eau.»

"L'un ou l'autre; une question de chiffres ; la terre est entraînée chaque jour par le soleil : sa rotation ralentit ; le moment venu, elle agira envers le soleil exactement de la même manière que la lune agit aujourd'hui envers la terre.

"Je comprends. Ce sera une nuit éternelle pour un côté de la terre et un jour éternel pour l'autre. Un cas de brûlure ou de gel.

"Exactement. Ou si nous n'y parvenons pas, le gaz de l'eau se perdra progressivement dans l'espace sidéral et nous irons dans le désert. Simple question de la vieille théorie dynamique des gaz ; des molécules qui sont en mouvement, qui entrent en collision pour toujours et qui se déchaînent dans la variance.

« Chaque minute, chaque heure, chaque jour nous perdons une partie de notre enveloppe atmosphérique. Avec le temps , tout cela aura disparu ; quand ce sera le cas, nous serons tous déserts. Par exemple, jetez un œil à l'extérieur. C'est l'Arizona. Autrefois, c'était le fond d'une mer d'un bleu profond. Pourquoi nier alors que nous pouvons déjà entrevoir le début.

L'autre rit.

« De très bonnes mathématiques en plus, professeur. Seulement-"

"Seulement?"

"Que ce ne sont que des mathématiques."

« Simplement des mathématiques ? Le professeur fronça légèrement les sourcils. « Les mathématiques ne mentent pas, Charlie, tu ne peux pas y échapper. Quel genre d'argument fantaisiste évoquez-vous maintenant ? »

- Simplement ceci, répondit l'autre, que vous comptez trop sur les chiffres. Ils sont matériels et, par la nature des choses, ne peuvent être utilisés que pour calculer ce qui peut arriver dans le futur. Vous devez avoir des prémisses sur lesquelles vous appuyer, des faits. Vos figures sont rigides : elles n'ont aucune élasticité ; à moins que vos fondations ne soient permanentes et irréprochables, vos déductions ne vous conduiront qu'en erreur.

"Accordé; juste le point : nous savons où nous en sommes. En quoi sommes-nous dans l'erreur ?

C'était l'ancien point de différence. Huyck ne cessait de démolir les idoles du pur matérialisme. Williams était de l'école mondiale.

« Vous vous trompez, mon cher professeur, sur une très petite chose et sur une très grande. »

"Qu'est-ce que c'est?"

"Homme."

"Homme?"

"Oui. C'est un super petit insecte. Vous l'avez exclu de votre calcul, qu'il va bouleverser.

Le professeur sourit avec indulgence. «Je vais permettre; c'est au moins un insecte vaniteux ; mais vous ne pouvez sûrement pas lui accorder grand-chose face à l'Univers.

"Non? Cela vous est-il déjà venu à l'esprit ? Professeur, qu'est-ce que l'Univers ? Les étoiles par exemple ? L'espace, la distance incommensurable de l'Infini. N'as-tu jamais rêvé ?

Williams ne parvenait pas à le saisir. Huyck avait une habitude qui lui venait de l'enfance. Il permettrait toujours à son adversaire de s'engager. Le professeur ne répondit pas. Mais l'autre a parlé.

"Éther. Tu le sais. Que ce soit l'esprit ou le granit. Par exemple, votre désert. Il posa son doigt sur son front. "Votre esprit, mon esprit – de l'éther localisé."

« Qu'est-ce que tu conduis ? »

« Rien que ça. Votre univers a de l'intelligence. Il a l'esprit aussi bien que la matière. Le petit nœud appelé terre devient conscient. Vos déductions sont incompétentes à moins qu'elles n'embrassent l'esprit aussi bien que la matière, et elles ne peuvent pas le faire. Vos mathématiques ne valent rien.

Le professeur se mordit la lèvre.

"Toujours fantaisiste." il a commenté, « et visionnaire. Votre argument est beau, Charley, et plein d'espoir. J'aimerais que ce soit vrai. Mais tout doit mûrir. Même une terre doit mourir.

« Pas notre terre. Vous regardez dans le passé, professeur, pour en avoir la preuve, et je regarde vers l'avenir. Donnez à une planète suffisamment de temps pour mûrir et elle développera la vie ; donnez-lui encore plus de temps et cela produira de l'intelligence. Notre propre Terre vient tout juste de prendre conscience ; il lui reste au moins trente millions d'années à parcourir.

"Tu veux dire?"

"Ce. Cet homme est un super petit insecte. Esprit : l'intelligence de la terre.

Bien sûr, c'est un peu sec. La conversation de ces hommes s'adresse très souvent à ceux qui ne se soucient pas de les suivre. Mais c'est très pertinent par rapport à ce qui a suivi. Nous savons désormais, tout le monde le sait, que Charley Huyck avait raison. Même le professeur Williams l'admet. Notre terre est consciente. En moins de vingt-quatre heures, il lui fallut employer sa conscience pour se sauver de la destruction.

Une cloche sonna. C'était le fil privé qui reliait le bureau à la résidence. Le professeur décrocha le combiné. "Juste une minute. Oui? D'accord." Puis à son compagnon : « Il faut que je passe à la maison, Charley. Nous avons tout le temps. Ensuite, nous pourrons monter à l'observatoire.

Ce qui montre à quel point nous savons peu de choses sur nous-mêmes. Pauvre professeur Williams ! Il ne pensait pas que ces mots désinvoltes seraient les derniers qu'il adresserait à Charley Huyck .

Le monde entier bouillonne ! Le début de la fin! Charley Huyck dans le vortex. Les heures suivantes allaient être les plus éprouvantes de l'histoire de la planète.

CHAPITRE V
À L'APPROCHE DU CATASTROPHE

C'était la nuit. Les étoiles qui venaient de paraître étaient repérées par des millions de personnes au-dessus du désert endormi. Une de ces nuits particulières au pays, que nous connaissons tous si bien, sinon par expérience, du moins par ouï-dire ; moelleux, doux, saupoudré comme un feu salé, scintillant.

Chaque petite lumière est un message venu de l'infini. Grandeur cosmique ; esprit : chaos, éternité – une nuit pour rêver. Celui qui avait choisi cet endroit dans le désert avait très bien choisi. Charley avait parlé de conscience. Cette nuit-là, lorsqu'il regardait les étoiles, il en était la personnification. Il est certain qu'un bon esprit veillait sur la terre.

Un vent frais soufflait ; sur son souffle flottaient les murmures du village ; le rire, le chant des enfants, le ronronnement des moteurs et l'aboiement effrayé d'un chien ; le bourdonnement confus de l'homme et de sa civilisation. Depuis l'éminence, l'observatoire surveillait la ville et l'éclat de la lumière, comme des joyaux dans la faible lueur du désert. À l'est, la douce lune vient de basculer au-dessus de la montagne. Charley s'approcha de la fenêtre.

Il pouvait tout voir. La beauté subtile qui s'apparentait tant à la poésie : l'étendue du désert, les montagnes, la lumière dans le ciel oriental ; l'ombre terne qui marquait la plaine au nord. À l'ouest, les montagnes se profilent en noir jusqu'à la ligne des étoiles. Une belle nuit; adouci par le souffle du désert et accordé à son sommeil.

De l'autre côté de la pelouse, il regardait le professeur descendre le sentier sous les acacias. Une automobile arrivait dans l'allée ; en passant sous les arcs , il remarqua ses lignes puissantes et son conducteur ; une de ces splendides voitures de plaisir qui sont revenues en grâce au cours de la dernière décennie ; le doux ronronnement de son moteur, les gros pneus lourds et sa couche de poussière. Il y a un leurre sur une superbe voiture venant du désert. La voiture s'est arrêtée, a noté Charley. Sans doute quelqu'un pour Williams. Si c'était le cas, il entrerait seul à l'observatoire.

Au sens strict du terme, Huyck n'était pas un astronome. Il n'en avait pas fait son métier. Mais il savait néanmoins sur les étoiles des choses dont les professeurs les plus exigeants n'avaient pas rêvé. Charley était un rêveur. Il avait un code qui lui était propre et une manière de raisonner. Entre lui et les étoiles se cache un secret.

Il ne l'avait pas divulgué, ou s'il l'avait fait, c'était d'une manière si ouverte qu'on s'en moquait. Ce n'était pas assez froid dans le calcul ou, même si c'était le cas, c'était trop loin de leur déduction. Huyck avait de l'imagination ; son univers était vivant et puissant ; il avait de l'intelligence. La matière ne pourrait pas vivre sans elle. L'homme en était la manifestation ; revenez simplement à la conscience. L'univers regorgeait d'intelligence. Charley regardait les étoiles.

Il traversa le bureau, traversa la salle de réception et de là jusqu'à l'escalier qui menait à l'observatoire. Dans le temps qui s'écoulerait avant l'arrivée de son ami, il aurait tout le temps d'observer. D'une manière ou d'une autre, il sentait qu'il était temps de découvrir. Il était venu en Arizona pour utiliser l'objectif de son ami l'astronome. L'instrument qu'il avait érigé sur sa propre montagne du Colorado ne lui avait pas donné toute la satisfaction qu'il espérait. Ici, en Arizona, dans l'air sec et clair qui avait jusqu'alors donné de si splendides résultats, il espérait trouver ce qu'il cherchait. Mais il ne s'attendait pas à découvrir la chose terrible qu'il avait faite.

C'est l'une des parties les plus étranges de l'histoire qu'il soit ici au moment même où le destin et la sécurité du monde l'auraient eu. Depuis des années, lui et le Dr Robold travaillaient sur leurs projets visionnaires. Ils étaient tous deux rêveurs. Tandis que d'autres s'en moquaient, ils s'étaient penchés en silence sur leur excellent travail sur la cinétique.

Le garçon et le verre brûlant avaient grandi sous la tutelle du Dr Robold : le temps était proche où il pourrait surpasser le dicton d'Archimède. Même si le monde ne le savait pas, Charley Huyck était arrivé au point où il pourrait littéralement brûler la terre.

Mais il n'était pas sinistre ; bien qu'il ait le pouvoir, il n'avait bien sûr pas la moindre intention. C'était un rêveur et cela faisait partie de son rêve que l'homme brise son esclavage sur la terre et s'étende dans l'univers. C'était une grande conception et sans le terrible événement qui lui a coûté la vie, nous ne doutons pas qu'il aurait réussi.

Il était dix heures trente lorsqu'il monta les marches et s'assit. Il jeta un coup d'œil à sa montre : il avait dix bonnes minutes. Il avait calculé juste avant l'heure de l'observation. Depuis des mois, il attendait ce moment précis ; il n'avait pas espéré être seul et maintenant qu'il était en possession solitaire , il s'estimait chanceux. Seules les stars et Charley Huyck connaissaient le secret ; et même lui n'imaginait pas à quoi cela aboutirait.

De sa poche, il sortit un certain nombre de papiers ; la plupart d'entre eux sont couverts de notations ; certains avec des dessins ; et une carte de bonne taille en couleurs. Il l'étala devant lui et, avec son crayon, commença à tracer sur sa face un réseau de lignes et de lignes croisées. Un certain nombre de chiffres et un calcul rapide. Il hocha la tête, puis il fit l'observation.

Il aurait été intéressant d'étudier le visage de Charley Huyck durant les prochains instants. Au début, il était simplement réceptif, son visage placide mais avec l'intensité studieuse de celui qui est venu au moment présent : et alors qu'il commençait à trouver ce qu'il recherchait : un désir de satisfaction. Puis un étrange vide ; le léger mouvement de son corps s'arrêta et le battement de ses pieds cessa complètement.

Pendant cinq minutes complètes, une intensité absolue. Pendant ce temps, il était parmi les étoiles, contemplant ce dont même lui n'avait pas rêvé. C'était plus qu'un secret : et ce que c'était, seul Charley Huyck parmi des millions d'hommes pouvait le reconnaître. Pourtant, c'était bien plus que ce à quoi il s'était attendu. Quand il s'éloigna enfin, son visage était comme de la craie ; de grosses gouttes de sueur coulaient sur son front : et la terrible vérité dans ses yeux lui faisait paraître dix ans de plus.

"Mon Dieu!"

Un instant d'indécision et d'étrange impuissance. La vérité, c'était qu'il avait vu une action engourdie ; de ses lèvres les mots marmonnés :

"Ce monde; mon monde; notre grande et splendide humanité !

Une phrase qui était un désespoir et une bénédiction.

Puis machinalement il se retourna pour confirmer son observation. Cette fois, sachant ce qu'il verrait, il n'était pas si horrifié : son esprit était éclairci par le simple fait de ce qu'il voyait. Quand enfin il s'éloigna, son visage était calme.

C'était un homme qui réfléchissait vite – merci les étoiles pour cela – et, une fois qu'il réfléchissait, il passait rapidement à l'action. Un péril planait sur la terre. S'il devait être annulé, il n'y aurait pas une seconde à perdre pour évaluer les possibilités.

Il avait rêvé toute sa vie. Il n'avait jamais pensé que le point culminant serait exactement à l'opposé de ce qu'il espérait. Dans son esprit, il priait pour le Dr Robold – mort et disparu à jamais. Était-il seulement là pour l'aider !

Il saisit un morceau de papier. Sur sa face blanche, il effectua une multitude de calculs. Il a travaillé comme un éclair ; ses doigts sillonnaient et son esprit était centré sur le génie. Il n'a rien oublié dans son calcul. Si la Terre avait une chance, il la trouverait.

Il y a toujours des possibilités. Il évaluait les chances de la plus grande race depuis la création. Tandis que le monde entier dormait, tandis que des millions de personnes se reposaient dans une douce sécurité, Charley Huyck

, dans sa pièce isolée au bord du désert, élaborait ses probabilités jusqu'à l'infini.

"Juste une chance sur un million."

Il allait le prendre. Les mots ne sortaient pas de sa bouche avant que ses longues jambes ne sautent dans l'escalier. En quelques secondes, son esprit se précipita vers une action claire. Il avait rêvé pendant des années ; toutes ses années d'études et de tutelle sous Robold lui ont donné la formation nécessaire pour un tel désastre.

Mais il lui fallait du temps. Temps! Temps! Pourquoi était-il si précieux ? Il doit rejoindre sa propre montagne. En six sauts, il était au bureau.

C'était vide. Le professeur n'était pas revenu. Il pensa d'un air plutôt sombre et fugace à leur conversation quelques minutes auparavant ; que penserait Williams maintenant de la science et de la conscience ? Il décrocha le combiné du téléphone. Pendant qu'il attendait, il aperçut du coin de l'œil la voiture dans l'allée. C'était-

"Bonjour. Le professeur? Quoi? Vous êtes allé en ville ? Non! Eh bien, disons, voici Charley » – il regardait la voiture devant le bâtiment. « Dis bonjour, dis-lui que je suis rentré chez moi, chez moi ! La patrie du Colorado – du Colorado, oui – de la montagne – de la montagne . Oh, peu importe, je vais laisser un mot.

Il a raccroché le récepteur. Sur le bureau, il griffonna sur un morceau de papier :

ED :

«Regarde ça. Je pars pour la montagne. Pas le temps d'expliquer. Il y a une voiture dehors. Restez avec l'objectif. Ne le quitte pas. Si la terre monte, tu sauras que je n'ai pas atteint la montagne.

À côté de la note, il plaça une des cartes qu'il avait dans sa poche et dessina avec son crayon une croix noire juste au-dessus du centre. Sous la carte se trouvaient un certain nombre de calculs.

Il est intéressant de noter que, sous le stress du grand moment critique, il a oublié le titre de professeur. C'était une bonne chose. Lorsque Williams l' a lu, il en a reconnu l'importance. Tout au long de leur vie, dans les moments cruciaux, il avait été « Ed ». à Charley.

Mais la note était tout ce qu'il était destiné à trouver. Un vent vif soufflait. Par un étrange équilibre du sort , le même mouvement qui laissa Huyck sortir du bâtiment provoqua le vent et bouleversa le calcul.

C'était une petite chose, mais c'était suffisant pour maintenir le monde entier dans l'ignorance et le désespoir. Le tourbillon entrant par la porte ramassa la précieuse carte, la plaça comme un petit avion et la déposa soigneusement derrière une bibliothèque.

CHAPITRE VI
UNE COURSE POUR SAUVER LE MONDE

Huyck travaillait en ligne droite. Presque avant que ses derniers mots au téléphone ne soient prononcés , il avait réquisitionné cette automobile dehors ; que ce soit de l'argent ou des paroles, de la foi ou de la force, il l'aurait. Le bourdonnement du moteur résonnait dans ses oreilles alors qu'il descendait les marches. Il était sans chapeau et en manches de chemise. Le conducteur était juste en train de mettre quelques outils dans la voiture. D'un seul saut, Charley l'attrapa par le col.

"Cinq mille dollars si vous pouvez m'amener à Robold Mountain en vingt heures."

La soudaineté de la course a surpris l'homme et l'a projeté contre la voiture, le faisant demi-tour. Charley se retrouva face à des yeux bruns ternes et à un rire sardonique : un nez long et fin et des lèvres tombantes aux coins, puis tout aussi soudainement relevées – une créature étrange, moitié diable, moitié rire, et tout à fait amusante.

« Facile, Charley, doucement ! Combien as-tu dit ? Chuchotez-le.

C'était Bob Winters. Bob Winters et sa voiture. Et attendre. Aucun coup de fortune n'aurait sûrement pu être plus grand. C'était un ami d'université de Huyck et du professeur . S'il y avait un homme capable de courir dans le temps imparti, c'était bien Bob. Mais Huyck était impersonnel. Avec ce fardeau en tête, il ne pensait qu'à sa destination.

"Dix mille!" il cria.

L'homme retint sa tête. Huyck était bien trop sérieux pour apprécier les méfaits. Mais pas l'homme.

« Charley Huyck , entre tous les hommes. Le jeune Lochinvar est-il venu de l'Ouest ? Combien as-tu dit ? Cet air du désert et cette poussière, c'est dur pour l'ouïe. Ce doit être une jeune et belle fille. Dix mille."

"Vingt mille. Trente mille. Bon sang, mec, tu peux avoir la montagne. Dans la voiture."

Par pure force subjective, il a forcé l'autre à entrer dans la machine. Ce n'est que lorsqu'ils tiraient hors du terrain sur deux roues qu'il réalisa que l'homme était Bob Winters. C'est toujours l'œuvre du destin.

Le Bob déjanté et sauvage des courses ! Le Destin était sûrement au travail. Le défi de la rapidité et de la prime. Au moment opportun, avant le désastre, les deux hommes furent réunis. Les minutes pesaient sur les siècles et les heures contrebalançaient les millénaires. Le monde entier dormait ; Il ne se doutait pas que sa vie se dirigeait vers le nord avec ces deux hommes jusque tard dans la nuit.

Jusqu'à minuit ! La grande voiture, la fierté du cœur de Winter, bondit entre les piliers. Dès le début, tout fou qu'il était, il l'envoya à soixante-dix milles à l'heure ; ils sautèrent de la colline vers le village. À soixante-quinze ans, il prit le virage ; elle dérapa, fit un demi-tour et poursuivit sa route.

Pendant un instant, Charley retint son souffle. Mais la main maîtresse la tenait ; elle s'est stabilisée, s'est redressée et s'est enfuie dans le désert. Au-dessus du vrombissement du moteur, de la poussière volante et du flou, Charley entendit le ton de la voix de son compagnon. Il avait entendu ces mots quelque part dans l'histoire.

«Gardez votre siège, M. Greely. Gardez votre place !

La lune était maintenant très haute au-dessus de la montagne, tout le désert était baigné dans un doux crépuscule ; au loin, les montagnes couvaient comme un banc de nuages incertain et endormi. Ils se dirigeaient droit vers le nord ; bien qu'il y ait une meilleure route aux alentours. Winters avait choisi la route dure et rocheuse menant à la montagne.

Il connaissait Huyck et sa réputation ; Lorsque Charley en proposa trente mille pour un trajet de vingt heures de route, ce n'était pas qu'un simple jeu. Il était arrivé à l'observatoire pour voir Williams alors qu'il se dirigeait vers la côte. Ils étaient camarades de classe ; de même lui et Charley.

Lorsque l'homme excité sorti de l'observatoire l'avait saisi par le col, Winters s'était contenté de rire. Il était le roi de la vitesse. Les trois garçons qui étaient allés à l'école jouaient désormais avec le destin de la terre. Mais seul Huyck le savait.

se demanda Winters. À travers des kilomètres et des kilomètres d'armoises éphémères, de cactus, de sable et de désolation, il a contourné le problème. Stable comme un roc, légèrement courbé, sinistre et aussi sûr que l'acier, il se tenait au nord. Charley Huyck à ses côtés, sans chapeau, sans manteau, les cheveux dansant au vent, tout impatient. Pourquoi ? Un homme, même mort, aurait sûrement le temps de récupérer son chapeau.

Tout cela signifiait vitesse pour Bob Winters ; c'était peut-être l'infusion d'esprit ou l'intensité de son compagnon ; mais le frisson lui parcourut les entrailles. Trente mille dollars – pour une mise pareille – quel était le solde ? On l'avait surnommé Wild Bob pour son audace ; certains l'avaient traité de fou ; cette nuit-là, sa folie était un enchantement.

C'était sauvage; sous le vent du roadster géant, une pluie de graviers vrombissante : dans l'obscurité, dans la nuit, la voiture se battait pour parcourir la distance. L'élan terrible et le frottement de l'air se battaient en face ; Le visage de Huyck n'était pas protégé : en un rien de temps, ses lèvres étaient craquelées, et bien avant d'avoir franchi le niveau, tout son visage saignait.

Mais il n'en fit pas attention. Il savait seulement qu'ils bougeaient ; que lentement, minute par minute, ils réduisaient les risques de désastre. Dans son esprit, un labyrinthe de chiffres ; le spectacle terrible qu'il avait vu dans le télescope et la chose imminente. Pourquoi avait-il gardé son secret ?

À maintes reprises, il s'est mis en accusation lui-même et le Dr Robold . On en était arrivé là. Le monde entier dort et lui seul peut le sauver. Oh, pendant quelques minutes, un petit instant ! L'obtiendrait-il ?

atteignirent enfin les montagnes. Une route difficile, rocailleuse et peu fréquentée. Heureusement , Winters l'avait déjà fait une fois et il le savait. Il l'a pris avec toute la vitesse qu'il pouvait supporter, mais même à cela, il a été réduit au minimum.

Pendant des heures, ils se sont battus pour les pentes et les ravins, les eaux sèches et les rochers. C'était l'aube et le ciel devenait rose lorsqu'ils redescendirent sur le niveau. C'est ici qu'ils rencontrèrent leur premier problème ; et c'est là que Winters commença à réaliser vaguement à quelle course ils pourraient participer.

Le niveau particulier dans lequel ils étaient entrés était un coude du désert s'avançant dans les montagnes juste en dessous d'un barrage massif nouvellement construit. Le réservoir venait tout juste d'être rempli et tout était prêt pour la consécration.

Immense nappe d'eau s'étendant très loin dans les montagnes, elle allait bientôt transformer le désert en jardin. En contrebas, dans la vallée, se trouvait une ville, déjà le centre d'une colonie d'irrigation prospère ; mais bientôt, avec la superficie ajoutée, elle deviendra une ville florissante. Le coude, là où ils l'ont frappé, mesurait peut-être vingt milles de diamètre. Leur chemin vers le nord les mènerait juste à l'extérieur de la pointe où les contreforts de la chaîne de montagnes opposée se fondaient dans le désert. Sans plus tarder, Winters mit toute sa vitesse et s'enfonça dans le sable. Et puis:

C'était un peu comme un clin d'œil ; mais pour autant quelque chose de bien plus impressionnant. Pour Winters, à gauche de la voiture et avec l'est à droite, c'était un peu comme si le soleil s'était soudainement levé et tout aussi soudainement descendu derrière l'horizon - une vaste vivacité d'opalescence scintillante : un azur flamboyant. diamant abattu par un million de points de feu.

Instantané et beau. Dans l'aube pâle de l'air du désert, ses merveilles et ses couleurs dépassaient toute beauté. Winters l'a vu du coin de l'œil ; c'était si instantané et si illusoire qu'il n'en était pas sûr. Instinctivement, il se tourna vers son compagnon.

Mais Charley l'avait vu aussi. Son attitude d'attente et d'espoir s'est transformée en une action vive. Il savait exactement ce que c'était. D'une main, il saisit Winters et cria.

« Allez, allez, Bob ! Continuez, car vous appréciez votre vie. Mettez-lui toute la vitesse dont vous disposez.

Au même instant, au même souffle, il y eut un rugissement qu'il ne fallait pas oublier ; crissant, roulant, terrible – comme la montagne qui bouge.

Bob le savait. C'était le barrage. Quelque chose l'avait cassé. A l'est, la grande muraille d'eau retombant des montagnes ! Un spectacle beau et terrible ; un rouleau vitreux implacable bordé le long de sa base par une dentelle de mousse de course. La partie supérieure était aussi lisse que du cristal ; les eaux emmagasinées de la montagne se déplaçaient de manière compacte. L'homme pensa à la petite ville en contrebas et à son péril. Mais Huyck pensait aussi. Il cria à l'oreille de Winter :

« Peu importe la ville. Continuez tout droit vers le nord. Là-bas, jusqu'à la pointe de l'eau. La ville va devoir se noyer. »

C'était inexorable ; il n'y avait aucune pitié ; la force et le but mêmes du commandement ont pénétré la compréhension de l'autre. Il réalisa vaguement maintenant qu'ils menaient réellement une course contre la montre. Winters était un casse-cou ; la catastrophe même provoquait en lui un frisson d'exultation. C'était le point culminant, le grand moment de sa vie, de rouler à cent milles à l'heure sous ce mur d'eau.

Le rugissement était terrible. Avant qu'ils n'aient atteint la moitié de l'autre côté, il sembla aux deux hommes que le simple bruit allait les noyer. Il n'y avait rien au monde que le chaos. L'étrange éclair fut oublié dans la terreur du mur vivant qui tendait la main pour les engloutir. Comme des insectes, ils sifflaient face au déluge. Lorsqu'ils atteignirent la pointe, ils étaient si près que la frange des vagues se trouvait à leurs roues.

Autour de la pointe avec la grande plaine devant eux. Avec le déluge derrière eux, il n'y avait rien pour le distancer. Les eaux s'étendaient sur une plus grande étendue. En quelques instants, ils avaient tout laissé derrière eux.

Mais Winters se demandait : quel était cet étrange éclair de beauté évanescente ? Il connaissait ce barrage et sa construction ; pour survivre aux siècles. Il avait été respiré en une seconde. Ce n'était pas un éclair. Il n'avait entendu aucun bruit autre que le bruit des eaux. Il regarda son compagnon.

Hucyk hocha la tête.

« C'est la chose sur laquelle nous courons. Nous n'avons que quelques heures. Pouvons-nous y arriver ?

Bob avait pensé qu'il tirait toute la vitesse possible de son moteur. Ce qui en résulta à partir de ce moment fut une révélation.

Il n'est pas sûr et difficilement possible de conduire à une telle vitesse dans le désert. Seules la meilleure voiture et une chaussée solide peuvent y résister. Une ornière soudaine, un trou d'écureuil ou une poche de sable équivaut à une destruction. Ils se précipitèrent jusqu'à midi.

Même Winters, malgré toute sa vigilance, ne pouvait pas l'éviter. Peut-être qu'il était fatigué. Les heures fastidieuses, la vitesse effrénée l'avaient épuisé jusqu'à l'épuisement. Ils avaient cessé de s'individualiser, leur chemin était flou, un cauchemar de vitesse et de distance.

C'est arrivé tout d'un coup, une barranca aveugle, un de ces canaux engloutis et inutiles qui tuent les imprudents. Pas d'avertissement.

C'était fini aussi vite. Un simple éclair de conscience plus une sensation de vol. Deux hommes brisés sur le sable et le grand et beau roadster une ruine tordue.

CHAPITRE VII
UN CONTINENT RIVÉ

Mais revenons au monde. Personne ne savait rien de Charley Huyck ni de ce qui se passait dans le désert. Même si nous l'avions fait, il aurait été impossible d'interpréter une connexion.

Après les nouvelles d'Oakland et la destruction du mont Heckla , nous étions bien trop consternés. Tout cela nous dépassait. Même les scientifiques, avec toutes leurs données, n'ont pas pu trouver un sujet sur lequel travailler. Les fils du monde bourdonnaient d'émerveillement et de panique. Nous étions civilisés. Il est vraiment étrange de voir avec quelle rapidité, malgré nos pouvoirs vantés, nous revenons au primitif.

La superstition ne peut pas mourir. Là où il n'y avait aucune explication, cela devait être un miracle. La chose s'était répétée. Quand est-ce que cela frapperait à nouveau. Et où?

Il n'y avait pas longtemps à attendre. Mais cette fois, le coup fut bien plus grave et bien plus terrifiant. La puissance de la chose a secoué la terre. Pas un homme ni un gouvernement qui ne démissionnerait face à une telle destruction.

C'était tout-puissant. Tout un continent avait été déchiré. Il serait impossible de décrire une telle catastrophe ; aucune plume ne peut le dire plus qu'elle ne pourrait décrire la création. Nous ne pouvons que suivre son chemin.

Le lendemain de la première catastrophe, à huit heures, juste au sud de la petite ville de Santa Cruz, sur la rive nord de la baie de Monterey, même lumière et même instantanéité, quoique pas tout à fait la même. Ceux qui l'ont vu rapportent une vaste boule de feu et de mouvement bleu azur et opalescents ; une étrange sensation de vibration vitalisée ; de force vivante personnifiée. En forme de marbre, aussi rond qu'une pleine lune dans sa splendeur, mais d'une beauté infiniment plus grande.

Cela est venu de nulle part ; ni du dessus de la terre, ni du dessous de la terre. Semblant surgir du néant, il glissa ou plutôt disparut vers l'est. Toujours l'effet d'un clin d'œil, bien que cette fois, peut-être à distance, plus vif. Un point ou une bille, comme une pleine lune, brûlant, opale, s'élevant vers l'est.

Et instantané. Parti dès son arrivée ; silencieux et d'une beauté fantôme; comme le doigt du Tout-Puissant parcourant le monde, et aussi terrible. L'esprit humain n'avait jamais conçu une chose aussi vaste.

Depuis les sables de l'océan, le pays tout entier avait disparu ; un gouffre de douze milles de large et d'une profondeur inconnue s'étendant droit vers l' est, où se trouvaient autrefois des fermes et des habitations, ce n'était rien ; les montagnes avaient été brûlées comme du beurre. Droit comme une flèche.

Puis le rugissement du déluge. Les eaux du Pacifique traversent ses sables et se jettent dans le golfe du Mexique. Le fait qu'il n'y avait pas de vapeur démontrait qu'il n'y avait pas de chaleur. La chose ne pouvait pas être interne. Et pourtant, qu'était-ce ?

On ne peut concevoir qu'en chiffres. Des côtes de Santa Cruz à l'Atlantique, quelques secondes ; puis dans l'océan oriental directement dans la mer des Sargasses. Un grand golfe traversant directement l'Amérique du Nord.

Le chemin semblait suivre le soleil ; il portait vers l'est avec une légère déviation vers le sud. Les montagnes ont été coupées comme du fromage. En passant juste au nord de Fresno, il traversa les gigantesques Sierras à mi-chemin entre le Yosemite et le mont Whitney, traversa le grand désert jusqu'au sud du Nevada, puis traversa le nord de l'Arizona, du Nouveau-Mexique, du Texas, de l'Arkansas, du Mississippi, de l'Alabama et de la Géorgie, entrant dans l'Atlantique. à mi-chemin entre Brunswick et Jacksonville. Un grand canal de douze milles de largeur reliant les océans. Une bénédiction cataclysmique. Aujourd'hui, avec des milliers de navires transportant du fret sur ses eaux, nous pouvons bénir cette partie du désastre.

Mais il y avait plus à venir. Jusqu'à présent , le miracle avait été sporadique. Quelle qu'ait été sa force, elle n'avait été fatale qu'en certains points et en certaines occasions. D'une certaine manière, c'était local. La combinaison atmosphérique mortelle de ses conséquences a été invariable dans sa récession. Il n'y avait aucune souffrance. La mort qu'elle a provoquée était la mort de l'effacement. Mais maintenant, il est entré dans une autre étape.

Le monde est une vaste boule et, bien que grand, il n'en reste pas moins un très petit endroit où vivre. Peu d'entre nous, peut-être, le regardent, ou même s'arrêtent pour y penser, comme un être vivant. Pourtant, ce n'est que cela. Il a ses courants, sa vie, son pouls et ses fièvres ; c'est coordonné; un million de choses, comme les grands courants de l'océan, les tourbillons de l'atmosphère, en font un endroit où vivre. Et nous ne sommes conscients que, ou principalement, à travers les catastrophes.

Une chose étrange s'est produite.

La grande opale, telle une montagne de feu, avait traversé le continent. Dès le début et à chaque succession, la chose s'est amplifiée. Mais ce n'est que lorsqu'il a frappé les eaux de l'Atlantique que nous avons pris conscience de sa pleine puissance et de sa fatalité.

La terre frémit sous le choc et l'homme se dressa sur la pointe des pieds, terrorisé. En vingt-quatre heures, notre civilisation s'effondrait littéralement. Nous étions puissants avec les forces que nous comprenions ; mais face à cela, littéralement arraché à l'inconnu, nous étions insignifiants. Le monde entier était gelé. Voyons.

Dans l'Atlantique ! La transition. Jusqu'ici le silence. Mais maintenant, le rugissement de dix milliards de Niagara , les eaux de l'océan roulant, catapultant, rugissant dans le golfe qui avait été brûlé en son sein. Le Gulf Stream a été coupé en deux, les courants qui ont tempéré notre civilisation se sont divisés en une seconde. Directement dans la mer des Sargasses. La grande opale, feu liquide, luminescent, une boule comme le soleil couchant, gisait en équilibre sur l'océan. C'était la fin du monde !

C'était quoi cette chose ? Le monde entier l'a su en une seconde. Et personne ne pouvait le dire. Moins de quarante heures après sa première apparition à Oakland, il avait englouti une montagne, déchiré un continent et englouti un océan. La mer enchevêtrée des Sargasses, calme depuis des siècles, était une cataracte ; un torrent tourbillonnant d'eaux folles s'est précipité vers l'opale et a disparu.

C'était infernal et par folie ; aussi beau qu'étrange. L'opale aussi haute que l'Himalaya couve sur l'eau ; ses myriades de couleurs se mélangent, clignotant dans un fantasme d'irisation. La beauté de sa lumière pouvait être vue à des milliers de kilomètres. Une chose hors de mystère et hors de forces. Nous avions découvert beaucoup de choses et en savions beaucoup ; mais je n'avais pas deviné une chose pareille. C'était vampirique et il buvait littéralement la terre.

Les conséquences furent immédiates. Le point de contact était large de cinquante milles, les eaux de l'Atlantique étant d'un commun accord tournées vers l'aimant. Le Gulf Stream a dévié de sa trajectoire et a traversé l'Atlantique. Les courants glacés provenant des pôles libérés de la barrière plus chaude descendaient le long des côtes et de là dans la mer des Sargasses. La température de la zone tempérée est tombée en dessous du point d'un blizzard.

Le premier mot est venu de Londres. Gelé! Et en juillet ! Les fruits et toute la récolte du nord de l'Europe ont été détruits. Jeux olympiques de Copenhague reportés à cause d'un pied de neige. La Seine gelée. La neige tombe à New York. Les cultures ont été étouffées par le gel jusqu'au sud jusqu'au cap Hatteras.

Une flotte d'avions a été dépêchée des États-Unis et une autre de la côte ouest de l'Afrique. Pas la moitié d'entre eux ne sont revenus. Ceux qui l'ont fait ont signalé encore plus de désastres. Les rapports qui ont été rendus étaient épouvantables. Ils avaient navigué tout droit. C'était comme voler vers le soleil ; la vivacité de l'opalescence était aveuglante, s'élevant à des kilomètres au-dessus d'eux, séduisante, attirante et impie, et d'une beauté qui était la terreur.

Seul le retardataire s'était échappé. Cela faisait même fonctionner leurs moteurs, c'était comme si la gravité devenait soudainement vitalisée et consciente. Des milliers de machines ont sauté dans l'opalescence. De ceux qui étaient devant, désespérément attirés et impuissants, revint l'avertissement. Mais des centaines de personnes n'ont pas pu s'échapper.

"Retour", répondit le sans fil. « Ne vous approchez pas trop. Le truc est un aimant. Revenez en arrière avant qu'il ne soit trop tard. Contre cet homme, c'est insignifiant.

Puis, tels des moucherons volant dans le feu, ils disparurent dans l'opalescence.

Les autres rebroussèrent chemin. Le monde entier, gelé, frémit d'horreur. Un grand vampire couvait la terre. La grandeur à laquelle l'homme était parvenu n'était rien. La civilisation vacillait en un jour. Nous étions désespérés.

Puis vint la dernière révélation ; la vérité et la vérité du désastre et du point culminant menacé. Le niveau de l'eau sur toute la côte avait baissé. De vastes marées descendantes s'étaient retirées pour ne plus revenir. Les étendues de sable où s'étaient formés les vagues s'étendaient loin dans la mer. Alors la vérité ! La chose, quelle qu'elle soit, buvait l'océan.

CHAPITRE VIII
L'HOMME QUI A SAUVÉ LA TERRE

C'était tragique ; sinistre, terrible, cosmique. De nulle part était sortie cette chose qui dévorait la terre. Rien de toute notre science n'avait été là pour nous avertir ; pas un mot de tous nos sages. Nous qui avions construit notre civilisation, pièce par pièce, n'étions après tout que des insectes.

Nous sortions dans un dédale de beauté vers l'infini d'où nous venions. D'heure en heure, le grand orbe d'opalescence grandissait en splendeur ; l'effet et la beauté de son attrait se sont répandus sur la terre ; passionnant, vibrant comme une musique étouffée. La vieille terre impuissante. Était-il possible qu'elle ne puisse arracher de son sein une seule intelligence pour la sauver ? N'y avait-il pas une seule loi, pas de réponse ?

Dans le désert, face au soleil, se trouvait la réponse. Bien que presque désespéré, il nous restait encore du temps et suffisamment de quasi-miracle pour nous sauver. Un destin boiteux sous la forme de deux Indiens et d'un runabout cabossé au dernier moment.

Les deux hommes rouges ne connaissaient pas la valeur des deux hommes trouvés ce jour-là dans le désert. Pour eux, les débris de la puissante voiture et les corps étendus en disaient assez sur l'histoire. C'étaient des Samaritains ; mais il y a plusieurs âges pour les bénir.

Dans l'état actuel des choses, de nombreuses heures ont été perdues. Sans cette perte, des milliers de personnes auraient été épargnées et des désastres presque incommensurables auraient été causés. Mais nous devons quand même être reconnaissants. Charley Huyck était toujours en vie.

Il avait été abasourdi ; battu, meurtri et inconscient; mais il n'avait pas été gravement blessé. Il lui restait encore suffisamment de corps pour se traîner jusqu'au vieux runabout et appeler Winters. Son compagnon, en l'occurrence, était encore plus en forme que lui et attendait. Nous ne savons pas comment ils ont réussi à dissuader les hommes rouges de se débarrasser de leur relique, que ce soit en les persuadant, en les menaçant ou en les forçant.

Tout droit vers le nord. Deux hommes battus, usés, meurtris, mais inébranlables, portant dans cette vieille automobile boiteuse le destin de la terre. Le destin était toujours à l'œuvre, mais gravement paralysé.

Ils avaient perdu de nombreuses heures précieuses. Winters avait perdu son droit aux trente mille. Il s'en fichait. Il comprenait vaguement qu'il y avait un enjeu au-delà de tout l'argent. Huyck ne dit rien ; il était trop mutilé et trop en dessous de sa volonté pour penser à parler. Ce qui s'était passé pendant leurs nombreuses heures d'inconscience leur était inconnu. Ce n'est que lorsqu'ils arrivèrent au bord du gouffre qui traversait le continent que l'horrible vérité leur apparut.

Pour Winters, c'était terrible. Le simple aperçu de ce gouffre noirci était une terreur. C'était sans fond ; si profond que ses profondeurs étaient nuageuses ; la brume brumeuse de ses ombres incertaines s'apparentait au chaos. Il comprit vaguement que c'était lié à cette chose terrible qu'ils avaient vue le matin. Ce n'était pas le pouvoir de l'homme. Une certaine force s'était relâchée et déchirait la terre jusqu'à ses parties vitales. À travers la terreur du gouffre , il distingua les contours flous du mur opposé. Un plein douze milles de diamètre.

Huyck lui -même fut un instant frappé par ce spectacle . Il le savait très bien ; mais connaître, comme il le savait, la réalité du miracle était encore plus que ce à quoi il s'attendait. Ses longues années sous Robold , son imagination scientifique lui avaient donné la compréhension. Pas de vapeur chétive, ni d'électricité étrange, mais de la force, de la cinétique – hors de l'univers.

Il savait. Mais sachant ce qu'il savait, il fut submergé par l'horreur. Une telle chose s'est déchaînée sur la terre ! Il avait perdu de nombreuses heures ; il ne lui restait que quelques heures. Cette pensée lui donna une énergie soudaine. Il saisit Winters par le bras.

« À la première ville, Bob. Vers la première ville… un aérodôme .
Il y avait de la vitesse dans ce moteur pendant toutes ses décennies. Winters se retourna et jaillit dans une trajectoire latérale parallèle au grand gouffre. Mais malgré toute sa rapidité, il ne pouvait retenir sa question.
« Au nom du ciel, Charley, qu'est-ce qu'il a fait ? Qu'est-ce que c'est?"
Vint la réponse ; et cela a conduit la convoitise de toute vitesse à travers Winters :
« Bob, dit Charley, c'est la fin du monde si nous n'y parvenons pas. Mais il reste quelques heures. Nous devons avoir un avion. Je dois faire la montagne.
C'était suffisant pour Wild Bob. Il s'est installé. Ce n'était qu'un vieux runabout ; mais il pouvait obtenir de la vitesse avec une brouette. Il n'avait jamais piloté une course comme celle-ci. Il n'a parlé qu'une seule fois. Les mots étaient caractéristiques.
« Un record du monde, Charley. Et nous allons gagner. Regardez-nous.
Et ils l'ont fait.

Il n'y a pas eu de perte de temps dans le changement. Le simple fait de connaître le nom de Huyck , son apparence et la manière dont il était arrivé suffisait. Depuis quelques heures, des messages affluaient à tous les postes des Rocheuses pour Charley Huyck . Après l'échec de tous les autres, des milliers de personnes avaient pensé à lui.

Même le gouvernement, peu reconnaissant auparavant, s'était réveillé tardivement et presque frénétiquement. L'ordre était donné que tout, quoi qu'il arrive, soit à sa disposition. Il avait été considéré comme un visionnaire ; mais face à ce qui s'était passé, les visions étaient désormais la chose la plus pratique pour l'humanité. En outre, le professeur Williams avait fait connaître au monde l'étrange présage de la note de Huyck . Depuis des années, le mystère régnait sur cette montagne. Est-ce que ça pourrait être?

malheureusement pas lui donner la description que nous souhaiterions en donner. Peu d'hommes, en dehors des employés réguliers, se sont déjà rendus à la Montagne de Robold . Dès le début, peut-être à cause des grandes forces emmagasinées et du danger de négligence, les étrangers et les visiteurs avaient été interdits. Et puis aussi le secret du Dr Robold — et le respect de son successeur. Mais nous savons que le verre brûlant s'est développé jusqu'à former la montagne.

Bob Winters et l'aviateur sont les seuls à nous le dire ; les salariés, tous, ont choisi de rester. Le cataclysme qui a suivi a détruit l'œuvre de Huyck et Robold , mais pas avant d'avoir servi le plus grand exploit jamais sorti de l'esprit des hommes. Et sans l' insistance de Huyck, nous n'aurions même pas le récit que nous présentons.

C'est lui qui a insisté, voire supplié, pour que ses compagnons reviennent tant qu'il y en avait encore l'occasion. Il le savait très bien. Hors de l'univers, hors de l'espace, il avait fait sortir les forces qui allaient brûler la terre. La grande boule d'opalescence lumineuse, et l'océan qui diminue !

Il n'y avait qu'une seule réponse. Grâce au génie imaginatif de Robold et Huyck , le destin avait fonctionné jusqu'à présent. Le garçon et le verre brûlant étaient devenus Archimède.

Ce qui s'est passé?

L'avion s'est rapproché de la Montagne de Robold . Le grand sommet chauve et les quatre énormes globes de cristal. C'est du moins ce que nous supposons. Nous avons la parole de Winter et celle de l'aviateur qu'ils avaient l'apparence du verre. Peut-être que non ; mais nous pouvons le supposer pour la description. Si énormes que s'ils étaient placés dans une plaine, ils auraient dépassé le plus haut bâtiment jamais construit ; mais à la hauteur de la montagne, et dans son contraste, ils n'étaient guère plus que des balles de golf.

Ce n'était pas leur taille mais leur effet qui était surprenant. Ils étaient vivants. C'est du moins ce que nous avons de Winters. Vivante, lumineuse, brûlante, se tordant de mille et une belles couleurs se mélangeant et irisées. Pas comme l'électricité mais quelque chose d'infiniment plus puissant. De grands aimants mystérieux que Huyck avait chargés hors du chaos. Brillant avec la lumière la plus douce ; la montagne entière s'éclaira comme dans un rêve, et la ville de Robold à sa base s'éclaira d'une beauté inimaginable.

C'était nouveau pour Winters. Les grands bâtiments et les énormes machines. Des moteurs au modèle des plus étranges, entraînés par des forces auxquelles le reste du monde n'avait pas pensé. Pas un son ; le tout forme une masse compliquée couvrant cent acres, roulant dans un silence magique. Pas un vrombissement ni une friction. Comme un corps composite vivant palpitant et respirant la force étrange et mystérieuse issue de la théorie cinétique de Huyck . Les quatre grands conduits en acier partant des globes jusqu'au flanc de la montagne. Au centre, à mi-chemin entre les globes, une massive aiguille en acier accrochée à un pivot et pointée directement vers le soleil.

Winters et l'aviateur l'ont remarqué et se sont interrogés. De l'extrémité inférieure de l'aiguille coulait un jet lumineux d'opalescence bleu pâle, un jet semblable à un liquide et d'un éclat impie. Mais ce n'était ni un liquide, ni du feu, ni rien de ce que l'homme avait vu auparavant.

C'était la force. Nous n'avons pas de meilleure description que la phrase appropriée de Winters. Charley Huyck traitait le solcil, tandis qu'il tombait de l'extrémité des quatre ruisseaux vivants jusqu'aux quatre globes qui le stockaient. Les quatre grands et merveilleux globes vivants ; les quatre piles ; la simple vue de leur beauté et de leur pouvoir emprisonnés était magnétique.

Le génie de Huyck et Robold ! Personne d'autre que les rêveurs les plus fous ne l'aurait conçu. La vie du soleil. Et captif de l'homme ; à sa volonté et à son gré. Et dans les minutes qui suivirent, nous allions tout perdre ! Mais en le perdant, nous devions nous sauver. C'était le destin et rien d'autre.

Il n'y avait qu'une chose de plus sur la montagne : l'observatoire et une autre aiguille apparemment inutilisée ; mais avec une pointe qui ressemble beaucoup à une gigantesque aiguille de phonographe. Il s'élevait directement hors de l'observatoire et donnait à Winters l'impression d'un étrange canon ou d'un quelconque instrument d'observation.

C'était tout. Vu la vitesse à laquelle ils avançaient , les aviateurs n'avaient pas le temps de mener une enquête plus approfondie. Mais même cela est complet. Moins la force. Si seulement nous en connaissions davantage à ce sujet, ou même sur sa théorie , nous pourrions peut-être reconstituer les travaux de Charley Huyck et du Dr Robold .

Ils ont atterri. Winters, avec sa nature, serait là à l'arrivée ; mais Charley ne l'aurait pas voulu.

«C'est la mort, Bob», dit-il. « Vous avez une femme et des bébés. Retournez dans le monde. Revenez avec toute la vitesse que vous pouvez tirer de vos moteurs. Éloignez-vous le plus possible avant la fin.

Sur ce, il leur fit un triste adieu. Ce fut la dernière parole prononcée par le monde extérieur de la part de Charley Huyck .

La dernière fois qu'on l'a vu, il montait les marches de son bureau en courant. Alors qu'ils s'éloignaient et regardaient en arrière , ils pouvaient voir des hommes, des employés, se précipiter en toute hâte vers leurs postes et stations respectifs. De quoi s'agissait-il ? Les deux aviateurs ne le savaient pas. Ils n'imaginaient pas que c'était le coup décisif.

CHAPITRE IX
LE MOMENT LE PLUS TERRIFIQUE DE L'HISTOIRE

Toujours le grand bal d'Opalescence qui couve sur les Sargasses. L'Europe était désormais gelée et, même si c'était le milieu de l'été, elle avait pris ses quartiers d'hiver. Le détroit du Pas de Calais n'existait plus. Les eaux s'étaient retirées et on pouvait marcher, en étant prudent, à pied sec depuis les côtes de France jusqu'aux falaises de craie d'Angleterre. Le détroit de Gibraltar était à sec. La Méditerranée, complètement enclavée, était à jamais coupée des marées de l'océan mère.

Le monde entier s'assèche ; pas en éthique, mais dans la réalité. Le grand Vampire, lumineux, beau au-delà de toute idée et pensée, buvant notre âme. L'Atlantique, un vaste tourbillon.

Une étrange frénésie s'était abattue sur l'humanité : des hommes se battaient dans les rues et mouraient de folie. C'était la peur du Grand Inconnu et l'hystérie. À un tel moment, le voile de la civilisation était déchiré. L'homme revenait à l'origine.

Puis vint le mot de Charley Huyck ; clignotant et répétant sous tous les climats et dans toutes les nations. Dans son assurance, c'était presque aussi miraculeux que le vampire lui-même. Car l'homme s'était rendu.

Aux peuples du monde :

L'étrange et terrible Opalescence qui, depuis soixante-dix heures, fait des ravages dans le monde, n'est pas un miracle, ni du surnaturel, mais une simple manifestation et le résultat de l'application de la cinétique céleste. Une telle chose a toujours été et sera toujours possible là où il existe une intelligence permettant de contrôler et d'exploiter les forces qui nous entourent. L'espace n'est pas exactement l'espace, mais une citerne infinie de lois et de forces inconnues. Nous pouvons contrôler certaines lois sur terre, mais tant que nous n'allons pas plus loin , nous ne sommes que des jouets.

L'homme est l'intelligence de la terre. Le temps viendra où il devra être également l'intelligence d'une grande partie de l'espace. À l'heure actuelle, vous êtes simplement chanceux et victime d'un sort bienveillant. Que je sois l'instrument du salut de la terre n'est qu'un hasard. Le véritable homme est le Dr Robold . Lorsqu'il est venu me

chercher dans la rue , je n'avais aucune idée que la séquence
du temps dériverait jusqu'à ce moment. Il m'a emmené dans
son travail et m'a appris.

Parce qu'il était sensible et qu'on se moquait de lui, nous
travaillions en secret. Et depuis sa mort, et par respect pour
sa mémoire, j'ai continué de la même manière. Mais j'ai tout
écrit, toutes les lois, les calculs, les formules, tout ; et je le
souhaite maintenant à l'humanité.

Robold avait une théorie sur la cinétique. C'était étrange
au début et c'était une chose dont on pouvait rire ; mais il la
réduisit à des lois aussi puissantes et aussi inexorables que
les lois de la gravitation.

L'Opalescence lumineuse qui a failli nous détruire n'est
qu'une de ses manifestations mineures. C'est un message
d'une intelligence sinistre ; car derrière tout cela se trouve
une Intelligence. Pourtant, tout n'est pas sinistre. C'est
l'auto-préservation. Le temps vient où, dans des siècles,
notre propre homme sera obligé d'employer une telle arme
pour sa propre préservation. Soit cela, soit nous mourrons
de soif et d'agonie.

Permettez-moi de vous demander de vous rappeler
maintenant que, quoi que vous ayez souffert, vous avez
sauvé un monde. Je vais maintenant vous sauver, vous et la
terre.

Dans les coffres, vous trouverez de tout. Toutes les
connaissances et découvertes du grand Dr Robold , plus
quelques découvertes mineures faites par moi-même.

Et maintenant, je vous dis adieu. Vous serez bientôt
libre. CHARLEY HUYCK .

Un message étrange. Diffusé par radio et diffusé sous tous les climats, il
a éveillé et ravivé l'espoir de l'humanité. Qui était ce Charley Huyck ? Des
millions d'hommes n'avaient jamais entendu son nom ; il y en avait peu, très
peu qui l'avaient.

Un message sorti de nulle part et d'une explication très douteuse et
douteuse. Cinétique céleste ! Indubitablement. Mais les mots n'expliquaient
rien. Cependant, l'homme était prêt à tout accepter, pourvu que cela le sauve.

Pour une explication plus lucide, il faut remonter à l'observatoire de
l'Arizona et au professeur Ed. Williams. Et c'était vraiment étrange ; une
preuve certaine que la conscience est plus puissante, bien plus que

simplement matérielle ; aussi que beaucoup de lois de nos astronomes sont très susceptibles d'être renversées malgré leurs mathématiques.

Charley Huyck avait raison. On ne peut pas mesurer l'intelligence à l'aune. Les mathématiques ne mentent pas ; mais lorsqu'elles sont appliquées à la conscience, elles risquent très probablement de reculer. C'est précisément ce qui s'est passé.

La soudaineté du départ de Huyck avait intrigué le professeur Williams ; cela, et la note qu'il a trouvée sur la table. Ce n'était pas dans les habitudes de Charley de partir ainsi dans le stress d'un instant. Il n'avait même pas pris le temps de récupérer son chapeau et son manteau. Quelque chose n'allait sûrement pas.

Il lut la note attentivement et avec beaucoup d'émerveillement.

«Regarde ça. Gardez près de l'objectif. Si le monde s'élève, vous saurez que je n'ai pas atteint la montagne.

Que voulait-il dire ? De plus, il n'avait aucune donnée sur laquelle travailler. Il ne savait pas qu'une brise errante avait fait tomber les informations derrière la bibliothèque. Néanmoins, il entra dans l'observatoire et resta coincé par l'objectif pendant le reste de la nuit.

Il y a désormais des millions d'étoiles dans le ciel. Williams n'avait rien à faire. Une aiguille dans la botte de foin était une tâche facile comparée à celle qui lui était assignée. Le mystère enflammé, quoi que Huyck ait vu, n'a pas été saisi par le professeur. Pourtant, il se demandait. "Si le monde s'élève, vous saurez que je n'ai pas atteint la montagne." Quelle en était la signification ?

Mais il n'était pas inquiet. Le professeur aimait Huyck comme un visionnaire et ne souriait pas peu de ses délicieuses fantaisies. C'était sans aucun doute l'un d'entre eux. Ce n'est que lorsque la nouvelle est arrivée d'Oakland qu'il a commencé à la prendre au sérieux. S'ensuit alors la disparition du mont Heckla . « Si le monde s'élève » – il semblait que ces mots avaient un sens.

Il y avait un professeur affolé les jours suivants. Lorsqu'il n'était pas devant l' objectif , il envoyait des messages au monde pour Charley Huyck . Il ne savait pas que Huyck gisait inconscient et presque mort dans le désert. Il savait très bien que le monde allait à la catastrophe ; mais où était l'homme pour le sauver ? Et surtout, que voulait dire son ami par les mots « cherchez ça » ?

Il doit sûrement y avoir des informations supplémentaires. Pendant de très longues heures, il est resté près de l'objectif et a attendu. Et il n'a rien trouvé.

C'était trois jours. Qui les oubliera un jour ? Sûrement pas le professeur Williams. Il transpirait du sang. Le monde entier s'écroulait sans aucune explication. Toutes les mathématiques, toutes les accumulations des âges n'avaient servi à rien. Charley Huyck détenait le secret. C'était dans les étoiles, et aucun astronome n'a pu le trouver.

Mais à la dix-septième heure vint le tour de la fortune. Le professeur traversait le bureau. La porte était ouverte, et le même vent capricieux qui avait joué la farce originale effectuait maintenant une restitution tout aussi intermittente. Williams remarqua un morceau de papier dépassant de l'arrière de la bibliothèque et flottant au vent. Il l'a ramassé. Les premiers mots qu'il vit étaient de la main de Charley Huyck . Il lit:

« Dans la dernière extrémité, dans la dernière phase où il n'y a plus d'eau sur la terre ; lorsque même l'oxygène de l'enveloppe atmosphérique a été réduit au minimum, l'homme, ou quelle que soit la forme d'intelligence qui existe alors sur terre, doit revenir aux lois qui régissaient ses ancêtres. La nécessité doit toujours être la loi de l'évolution. Il n'y aura pas d'eau sur terre, mais il y en aura une quantité illimitée ailleurs.

« À ce moment-là, par exemple, la grande planète Jupiter sera dans un état propice à l'exploitation. Gazeux maintenant, il le sera à ce moment-là à peu près au stade où la vapeur et l'eau se condenseront dans l'océan. Des éternités dans des millions d'années, à l'époque de la plus grande nécessité. À ce moment-là, l'intelligence et la conscience de la Terre seront devenues à la hauteur de la tâche.

« C'est une chose dont il faut rire (peut-être) juste en ce moment. Mais si l'on considère le taux de progrès de l'homme au cours des cent dernières années, quel sera-t-il par milliard ? Toutes les lois de l'univers n'ont en aucun cas été découvertes. Pour l'instant, nous n'en savons rien. Qui peut le dire ?

« Oui, qui peut le dire ? Peut-être avons-nous nous-mêmes en réserve le sort que nous réserverions à un autre. Nous avons un voisin très dangereux à nos côtés. Mars est dans une situation désespérée en matière d'eau. Et nous savons qu'il y a de la vie sur Mars et de l'intelligence ! Le fait même, à première vue, le proclame. Les océans se sont asséchés ; le seul moyen dont ils disposent pour conserver la vie est d'apporter leur eau des calottes neigeuses polaires. Leurs canaux témoignent d'un état avancé d'intelligence coopérative ; il y a de la vie sur Mars et à un stade avancé d'évolution.

« Mais où en sommes-nous ? C'est une petite planète, et par conséquent des siècles en avance sur l'évolution de la Terre. Dans la nature des choses, Mars s'est refroidi rapidement et la vie y était possible alors que la Terre n'était encore qu'une masse gazeuse. Elle est allée vers sa maturité et vers sa régression ; elle approche de sa fin. Elle a eu moins de temps pour produire de l'intelligence que n'en aura finalement l'intelligence sur terre.

« Jusqu'où ont progressé ces renseignements ? Telle est la question. La nature travaille lentement. Il a fallu des siècles pour donner la vie sur terre ; il a fallu des éternités et des siècles pour rendre cette vie consciente. Jusqu'où ira-t-il ? Jusqu'où est-il allé sur Mars ?

C'était tout ce que les commentaires allaient. Le professeur baissa les yeux sur le reste du papier. C'était une carte de la face de Mars, et en son centre se trouvait une croix noire rayée par la pointe émoussée d'un crayon doux.

Il connaissait le visage de Mars. C'était l' Ascrée Lucus . L'oasis à la jonction d'une série de canaux fonctionnant comme les rayons d'une roue. Les grands canaux d'Uranien et d'Alander arrivent à angle droit.

En deux sauts, le professeur était dans l'observatoire avec la grande lentille tournée pour faire la mise au point. Ce fut le grand moment de sa vie, et peut-être le moment le plus étrange et le plus passionnant jamais vécu par un astronome. Ses doigts se contractèrent de tension. Là, devant lui, se trouvait le visage complet de notre voisin martien !

Mais l'était-ce ? Il poussa un soupir d'exclamation surprise. Était-ce Mars qu'il regardait ? tout le visage, tout avait changé devant lui.

Mars a toujours été rouge. Vu au télescope, il a la plus belle teinte imaginable, l'ocre rouge, la teinte étrange du désert au coucher du soleil. La couleur de l'enchantement et de l'enfer !

Car il en est ainsi. Nous savons que depuis des siècles et des siècles, la planète brûle ; que la vie n'était possible que dans les fonds marins secs et sous irrigation. Le reste, là où se trouvaient autrefois les continents, n'était qu'un désert flamboyant. La rougeur, la beauté, l'enchantement que nous admirions tant était un enfer brûlant.

Tout cela avait changé.

Au lieu de cela, il y avait une belle nuance de vert irisé. Le rouge avait disparu pour toujours. La grande planète située dans les cieux était devenue une gloire infinie. Comme le grand Dog Star transplanté.

Le professeur rechercha l' Ascraeus Lucus . C'était difficile à trouver. Tout le visage avait été transfiguré ; là où il y avait des canaux, il y avait maintenant un bel éclat de vert et de verdure. Il réalisa ce qu'il voyait et ce qu'il n'avait jamais rêvé de voir ; les mers de Mars se sont remplies.

Avec les océans volés, notre sinistre voisin était revenu à la jeunesse. Mais comment cela avait-il été fait ? C'était une horreur pour notre monde. La grande boule luminescente d'Opalescence ! L'Europe gelée et New York une masse de glace. C'était la destruction de la terre. Combien de temps la chose pourrait-elle tenir ? et d'où vient-il ? Qu'est-ce que c'était?

Il cherchait l' Ascrée Lucus . Et il vit un spectacle étrange. À l'endroit même où aurait dû se trouver la jonction des canaux, il capta ce qui ressemblait à première vue à une flamme ponctuelle, une étrange lumière scintillante avec une lueur vacillante d'Opalescence. Il l'a regardé et il s'est demandé. Il parut au professeur grandir ; et il remarqua que le vert qui l'entourait était d'une couleur différente. Il clignait de l'œil, comme une grande force, et comme s'il était vivant ; funeste.

C'était ce que Charley Huyck avait vu. Le professeur pensa à Charley. Il s'était précipité vers la montagne. Que pouvait faire Huyck , un simple homme, contre une chose pareille ? Il n'y avait rien d'autre à faire que de s'asseoir et de le regarder boire de notre sang. Et puis-

C'était le message, l'étrange assurance que Huyck projetait sur le monde. Il n'y avait aucun manque de confiance dans les paroles qu'il prononçait. « Cinétique Céleste », voilà donc la réponse ! Il doit certainement en être ainsi avec la vérité devant lui. Williams n'était plus un sceptique. Et Charley Huyck pourrait les sauver. L'homme avec qui il avait fait plaisir. Il attendit avec impatience et resta collé à l'objectif. Le monde entier attendait.

C'était peut-être le moment le plus formidable depuis la création. Le décrire serait comme décrire la fin du monde. Nous l'avons tous vécu et nous pensions tous que la fin était venue ; que la terre était déchirée en atomes et en chaos.

L'État du Colorado était éclairé par une lumière rouge de terreur ; sur des milliers de kilomètres, la flamme s'est propagée au-dessus de la terre et dans l'espace. Si jamais un esprit s'est manifesté dans la gloire, cet esprit était Charley Huyck ! Il était venu au moment et à Archimède. Le monde entier a été secoué par le recul. Comparé à lui, le tremblement de terre le plus puissant n'était qu'un tendre frisson. La conscience de la terre avait parlé !

Le professeur fut projeté au sol. Il ne savait pas ce qui s'était passé. Par les fenêtres et vers le nord, la flamme du Colorado, comme si le monde entier s'élevait. C'était le dernier moment. Mais il fut un scientifique jusqu'au bout. Il s'était foulé la cheville et son visage saignait ; mais malgré tout cela, il lutta, se fraya un chemin jusqu'au télescope. Et il vit :

La grande planète avec sa lumière sinistre, funeste et méchante au centre, et une autre lumière bien plus grande couvrant la moitié de Mars. Qu'est-ce que c'était? C'était émouvant. La vérité le faisait presque crier.

C'était la réponse de Charley Huyck et du monde. La lumière est devenue de plus en plus petite et presque jusqu'à atteindre un point précis en route vers Mars.

Le véritable point culminant était dans le silence. Et de tous au monde, seul le professeur Williams l'a vu. Les deux lumières se confondirent et s'étalèrent ; ce que c'était sur Mars, bien sûr, nous ne le savons pas.

Mais en quelques instants, tout avait disparu. Seul le vert de la mer Martienne brillait au soleil. L'opale lumineuse avait disparu des Sargasses. L'océan reposait en paix.

Ce furent trois jours terribles. Sans le travail de Robold et Huyck , la vie aurait été détruite. Dommage que toutes leurs découvertes les accompagnent. Même Charley n'avait pas réalisé à quel point la force qu'il était sur le point de relâcher était formidable.

Il avait soigneusement tout enfermé dans des coffres-forts pour une livraison en toute sécurité à l'homme. Il s'attendait à la mort, mais pas au cataclysme. L'ensemble du mont Robold a été rasé ; à sa place, nous avons un lac de cinquante milles de diamètre.

Voilà pour la cinétique céleste.

Et nous nous tournons vers une Mars verte et belle. Nous n'avons aucune inimitié. Ce n'était que la loi de l'auto-préservation. Espérons qu'ils aient assez d'eau ; et que leurs mers tiendront. Nous ne les blâmons pas, et nous ne nous blâmons pas non plus à nous-mêmes. Nous avons besoin de ce que nous avons et nous espérons le conserver.

LA FIN